現代日本語における蓋然性を表すモダリティ副詞の研究

ひつじ研究叢書〈言語編〉

【第60巻】ドイツ語再帰構文の対照言語学的研究　　大矢俊明 著
【第61巻】狂言台本とその言語事象の研究　　小林賢次 著
【第62巻】結果構文研究の新視点　　小野尚之 編
【第63巻】日本語形容詞の文法 – 標準語研究を超えて　　工藤真由美 編
【第64巻】イメージ・スキーマに基づく格パターン構文 – 日本語の構文モデルとして
　　　　　　　　　　　　　　　　　　　　　　　　　　　　　伊藤健人 著
【第66巻】日本語の文章理解過程における予測の型と機能　　石黒圭 著
【第67巻】古代日本語時間表現の形態論的研究　　鈴木泰 著
【第68巻】現代日本語とりたて詞の研究　　沼田善子 著
【第69巻】日本語における聞き手の話者移行適格場の認知メカニズム
　　　　　　　　　　　　　　　　　　　　　　　　　　　　　榎本美香 著
【第70巻】言葉と認知のメカニズム – 山梨正明教授還暦記念論文集
　　　　　　　　　　　　　　　　　　　　　　　　児玉一宏・小山哲春 編
【第71巻】「ハル」敬語考 – 京都語の社会言語史　　辻加代子 著
【第72巻】判定質問に対する返答 – その形式と意味を結ぶ談話規則と推論
　　　　　　　　　　　　　　　　　　　　　　　　　　　　　内田安伊子 著
【第73巻】現代日本語における蓋然性を表すモダリティ副詞の研究　　杉村泰 著

ひつじ研究叢書〈言語編〉第73巻

現代日本語における蓋然性を表すモダリティ副詞の研究

杉村 泰 著

ひつじ書房

まえがき

　本書は2000年に名古屋大学に提出した博士学位論文をもとに、その後の研究成果を加えて執筆したものである。日本語はモダリティ表現が発達した言語の1つに数えられ、「ニチガイナイ」、「カモシレナイ」など文末のモダリティ形式は、動詞や格助詞などと並んで日本語の意味・文法研究の主要なテーマとなっている。これに対し、同じモダリティ表現でも「キット」や「モシカスルト」など副詞の研究は極めて後れた状況にある。しかし、これらの副詞は話し手の事態認識に対する心的態度が如実に表れたものであり、モダリティ研究上欠かせない要素であり、日本語教育のうえでも詳細な説明が待たれている領域である。このような状況において、従来の研究を推し進め、新しい知見を加えて著したのが本書である。

　私は学部時代には中国古典文学を専攻し、来る日も来る日も研究室にある漢籍をひっくり返しながら、漢文の出典を調べる作業をしていた。そのときの経験から今でも小説や新聞などを読んで例文を収集することの重要性を認識している。現在、電子化されたコーパスが手軽に利用できるようになり、手っ取り早くコーパスを使って論文を書いたものも目立ってきているが、このような方法は必要な文脈情報を読み落とす危険性がある。本書で扱った副詞の場合も、前後の文脈を考えないと単純に蓋然性の高低だけで議論が進められてしまうおそれがある。そのため、本書ではコーパスを利用するとともに、実際に本を読んで文脈を見ながら用例を収集することに努めている。

　私は大学院からは専門を日本語学・日本語教育に変更した。指導教官は英語コーパス研究の滝沢直宏先生で、実例を丹念に観察し、そこから言語の法則性を読み取ることの大切さを教えられた。また、副指導教官は中国語学の平井勝利先生で、先人の研究をむやみに批判するのではなく、価値ある部分を利用することの重要性を教わった。当然ながら本書も先学の研究成果に負

うところが大きく、これらの研究があってこそ新しい発想が生まれたことは間違いない。その意味でも先人の研究には大いに敬意を表する。

　私の指導教官は英語コーパスの専門家と中国語学の専門家だったこともあり、日本語についてはかなり自由に研究を行なうことができた。その際、私の研究スタイルの基礎となったのは、寺村秀夫の『日本語のシンタクスと意味』Ⅰ～Ⅲ、仁田義雄の『日本語のモダリティと人称』、益岡隆志の『命題の文法』、『モダリティの文法』である。とりわけ『モダリティの文法』の中で述べられている「包括性」、「体系性」、「明示性」を目指した記述文法の立場は本書執筆の基本理念となっている。

　本書ははじめに理論を置いた理論研究ではなく、現象の記述から一般的法則を導き出そうとする研究の立場をとっている。コナン・ドイルの『シャーロック・ホームズの冒険』（延原謙訳、新潮文庫）に「人は事実に合う理論的な説明を求めようとしないで、理論的な説明に合うように、事実のほうを知らず知らず曲げがちになる」という指摘がある。私の場合、そのような傾向に陥る危険性があるため、最初はあくまで言語事実の観察からはじめるという研究スタイルをとっている。

　本書の刊行にあたっては、企画の段階から原稿の修正に至るまでひつじ書房の松本功氏に大変お世話になった。松本氏の助言なしに本書の刊行はありえず、こころより感謝申し上げたい。また、本書の編集ではひつじ書房の森脇尊志氏に内容面での助言や、懇切丁寧な校正など多大なる援助をいただいた。ここに謹んで感謝の意を表したい。

2009年10月1日

　　　　　　　　　　　　　　　　　　　　　　　　　　　杉村　泰

目　次

まえがき ... i

第1章　文における事態、認識、推論の関係 ... 1

1　はじめに ... 1
2　命題とモダリティ ... 3
　2.1　命題とモダリティの定義 ... 3
　2.2　命題とモダリティの境界 ... 5
　2.3　命題とモダリティの分類基準 ... 5
3　認識と推論 ... 7
4　事態確定性と認識確定性 ... 8
5　推論の型 ... 13
6　先行研究における副詞の2分類 ... 18
　6.1　属性副詞と陳述副詞 ... 18
　6.2　命題副詞とモダリティ副詞 ... 26
7　第1章のまとめ ... 34

第2章　真偽判断を表す文末のモダリティ形式 ... 39

1　はじめに ... 39
2　「ヨウ／ソウ／ベキ／ツモリ」と「－ダ」の関係 ... 40
3　「ダ／φ」、「カモシレナイ」、「ニチガイナイ」の関係 ... 41
　3.1　「カモシレナイ」と「ニチガイナイ」の異質性 ... 41
　3.2　使われる文の違い ... 44
　3.3　「カモシレナイ」と「ダ／φ」の同質性 ... 55
　3.4　判断の焦点 ... 57
4　「ニチガイナイ」、「ヨウダ」、「ラシイ」の違い ... 60
　4.1　判断の根拠 ... 60

4.2　推論の裏付けとなる根拠　　　　　　　　　　　　　63
　　4.3　比況の「ヨウダ」と推量の「ヨウダ」　　　　　　　65
　　4.4　伝聞の「ラシイ」と推量の「ラシイ」　　　　　　　66
　　4.5　「ヨウダ」と「ラシイ」の違い　　　　　　　　　　67
　　4.6　「ニチガイナイ」と「ヨウダ・ラシイ」の違い　　　68
　5　「ダロウ」と「デアロウ」　　　　　　　　　　　　　　69
　6　第2章のまとめ　　　　　　　　　　　　　　　　　　　71

第3章　「キット」と「カナラズ」の主観性　　　　　　　　75

　1　はじめに　　　　　　　　　　　　　　　　　　　　　　75
　2　「キット」と「カナラズ」の類似点と相違点　　　　　　76
　3　先行研究　　　　　　　　　　　　　　　　　　　　　　77
　4　命題とモダリティ　　　　　　　　　　　　　　　　　　86
　　4.1　主観性の違い　　　　　　　　　　　　　　　　　　86
　　4.2　根拠の違い　　　　　　　　　　　　　　　　　　　88
　5　文の意味と副詞の意味　　　　　　　　　　　　　　　　90
　　5.1　推量的機能と習慣的機能　　　　　　　　　　　　　90
　　5.2　一回的文脈と反復的文脈　　　　　　　　　　　　　92
　6　「キット」と「カナラズ」の用法　　　　　　　　　　　94
　　6.1　意志文、命令文、勧誘文の「キット」　　　　　　　94
　　6.2　「カナラズ」の2類型　　　　　　　　　　　　　　95
　　6.3　「カナラズ」と「キマッテ」　　　　　　　　　　　98
　7　第3章のまとめ　　　　　　　　　　　　　　　　　　　100

第4章　「キット」、「タブン」、「オソラク」の推論の違い　103

　1　はじめに　　　　　　　　　　　　　　　　　　　　　　103
　2　副詞と文末表現の共起　　　　　　　　　　　　　　　　104
　3　「キット」、「タブン」、「オソラク」の使われる文　　106
　4　推量文における確信度　　　　　　　　　　　　　　　　107
　5　話し手の知りうる事態、知りえない事態　　　　　　　　108
　6　事態の実現に対する信念　　　　　　　　　　　　　　　111
　7　文体差、好ましくない事態　　　　　　　　　　　　　　113

8	第4章のまとめ	115

第5章　共感的推論を表す「サゾ」　　119

- 1　はじめに　　119
- 2　先行研究　　120
  - 2.1　小林（1980）　　120
  - 2.2　森田（1989）　　121
  - 2.3　森本（1994）　　122
  - 2.4　小学館辞典編集部（1994）　　123
  - 2.5　飛田・浅田（1994）　　123
  - 2.6　分析の視点　　124
- 3　話し手の共感　　124
  - 3.1　文末形式との共起　　124
  - 3.2　共感　　125
  - 3.3　二人称の心中の推論　　129
  - 3.4　「サゾ」と時制　　130
  - 3.5　「サゾ」と人称　　130
- 4　事態の程度性　　132
  - 4.1　「サゾ」と程度性　　132
  - 4.2　「サゾ」と「−限界／＋進展的変化」　　133
  - 4.3　標準以上に高い程度　　134
- 5　第5章のまとめ　　135

第6章　想定外の事態の成立可能性を表す「モシカスルト」　　139

- 1　はじめに　　139
- 2　文末形式との共起　　140
  - 2.1　「モシカスルト」の使われる文　　140
  - 2.2　「カモシレナイ」との共起　　141
  - 2.3　「デハナイカ」との共起　　142
- 3　「モシカスルト」の意味　　144
  - 3.1　想定外の事態　　144
  - 3.2　「モシカシテ」との違い　　147

3.3　「アルイハ」と「ヒョットスルト」　　　　　　　149
　　4　第6章のまとめ　　　　　　　　　　　　　　　　　151

第7章　不確定性を表す「ドウモ」、「ドウヤラ」　　153

　1　はじめに　　　　　　　　　　　　　　　　　　　　153
　2　先行研究　　　　　　　　　　　　　　　　　　　　154
　　　2.1　証拠性　　　　　　　　　　　　　　　　　　154
　　　2.2　不確定性　　　　　　　　　　　　　　　　　155
　3　命題とモダリティ　　　　　　　　　　　　　　　　158
　　　3.1　「ドウモ」　　　　　　　　　　　　　　　　158
　　　3.2　「ドウヤラ」　　　　　　　　　　　　　　　159
　4　文末形式との共起　　　　　　　　　　　　　　　　160
　5　「ドウモ」、「ドウヤラ」の意味　　　　　　　　　162
　　　5.1　「ドウモ」　　　　　　　　　　　　　　　　162
　　　5.2　「ドウヤラ」　　　　　　　　　　　　　　　164
　6　第7章のまとめ　　　　　　　　　　　　　　　　　165

第8章　記憶による想起を表す「タシカ」　　　　　167

　1　はじめに　　　　　　　　　　　　　　　　　　　　167
　2　先行研究　　　　　　　　　　　　　　　　　　　　167
　3　文末形式との共起　　　　　　　　　　　　　　　　169
　4　「タシカ」の意味　　　　　　　　　　　　　　　　171
　5　第8章のまとめ　　　　　　　　　　　　　　　　　173

第9章　事態の想定外を表す「マサカ」　　　　　　175

　1　はじめに　　　　　　　　　　　　　　　　　　　　175
　2　先行研究　　　　　　　　　　　　　　　　　　　　176
　3　命題とモダリティ　　　　　　　　　　　　　　　　177
　　　3.1　主観性判定テスト　　　　　　　　　　　　　177
　　　3.2　「マサカ」と「ケッシテ」の主観性の違い　　177
　　　3.3　話し手の心的態度　　　　　　　　　　　　　179
　　　3.4　発話時点での心的態度　　　　　　　　　　　180

4	文末形式との共起	183
5	「マサカ」の意味	187
	5.1 想定外	187
	5.2 他の副詞との比較	189
6	第9章のまとめ	197

第10章　終わりに　　　　　　　　　　　201

参考文献　　　　　　　　　　　　　　　205
語彙索引　　　　　　　　　　　　　　　213
事項索引　　　　　　　　　　　　　　　214

表記について

1. 例文の'*'はその文が非文であることを示す。
    (例) *彼はカナラズ君のことが好きなんでしょう。
2. 例文の'?'はその文が不自然な文であることを示す。
    (例) ?彼は来るといったらキット来る男だ。
3. 例文の'#'はその文自体は非文ではないが、当該文脈では使えないことを示す。
    (例)(知識表明文の文脈において)
        #生まれる子は男の子ニチガイナイ。(推量の解釈になる)
4. 書籍や新聞などから引用した例文は、分析の対象となる表現に下線'___'を引く。
    (例) 明日は必ず雨が降るだろう。
5. 実例と作例を合わせて書く場合、実例の部分は原文のままの表記、作例の部分はカタカナ表記とする。
    (例) 明日は{必ず／キット／タブン}雨が降るだろう。
6. 他の論文から例文を引用した場合、元の例文に下線があれば下線を引き、下線がなければ下線を引かない。

第 1 章　文における事態、認識、推論の関係

1　はじめに

本書は日本語モダリティ論の立場から、現代日本語における蓋然性を表す副詞の意味について論じたものである。日本語には(1)のように事態の成立可能性に対する話し手の期待を表す一群の副詞がある。

(1) a. <u>キット</u>明日は雨が降るにちがいない。
　　b. <u>タブン</u>明日は雨が降るだろう。
　　c. <u>モシカスルト</u>明日は雨が降るかもしれない。

　これらの副詞は工藤(1982)や森本(1994)などの研究により、意味の違いが明らかになってきている。しかし、依然として蓋然性の高さの違いを基に論じられることが多く、根本的な意味の違いを記述するには至っていない。そこで本書では「キット」、「タブン」、「オソラク」、「サゾ」、「モシカスルト」、「ドウモ」、「ドウヤラ」、「タシカ」、「マサカ」の9つの副詞を対象にして、共起する文の違いを分析することにより、これらの副詞が次のような意味を表すことを主張する。

「キット」：事態の実現に対する話し手の強い信念を表す
「タブン」：推論において直感的にある1つの帰結を導き出したことを表す
「オソラク」：推論において根拠に基づきある1つの帰結を導き出したことを

表す
「サゾ」：推論において共感に基づきある１つの帰結を導き出したことを表す
「モシカスルト」：当初、当該の事態の成立する可能性を想定していなかったが、発話時点において当該の事態の成立する可能性もあると判断したことを表す
「ドウモ」：話し手の認識が不確定で事態の成立がはっきりしないことを表す
「ドウヤラ」：当該の事態がある基準点にほぼ近づいたことを表す
「タシカ」：当該の事態の成立を話し手の記憶によって確認することを表す
「マサカ」：当該の事態が想定外のものであることを表す

　工藤(1982)、益岡(1991)、森本(1994)など多くの先行研究では、「キット」→「タブン」→「モシカスルト（ヒョットスルト、アルイハ）」の順に蓋然性が低くなると論じられている。しかし、これらの副詞は蓋然性のスケールの上に一直線に並んでいるわけではなく、上に示したような意味から二次的に蓋然性の高さの違いが表れてくると考えられる。

　また、先行研究ではしばしば副詞と文末のモダリティ形式の間で循環論に陥ることがあった。たとえば、森本(1994)や劉(1996)は、「キット」は蓋然性の高いことを表す「ニチガイナイ」と共起するため蓋然性の高いことを表すと論じており、益岡(1991)、宮崎(1992)、中畠(1993)は、「ニチガイナイ」は蓋然性の高いことを表す「キット」と共起するため蓋然性の高いことを表すと論じている。しかし、「キット」は「ニチガイナイ」だけでなく「ダ／φ」[1]や「ダロウ」とも共起するため、「キット＝ニチガイナイ」というような意味の記述では不十分である。このような説明に陥る根底には、(2)に示すように、命題の前後をモダリティが包むという日本語モダリティ論の考え方があると思われる。

(2)a.　［キット［明日は雨が降る］ニチガイナイ］
　　b.　［ドウヤラ［明日は雨が降る］ヨウダ］

本書でもこのような意味構造のあることは認めるが、副詞と文末のモダリティ形式は関連しながらもそれぞれ個別の意味を担うと考える。もちろん、先行研究でも副詞と文末のモダリティ形式の意味が全く同じであるといっているわけではない。しかし、両者の機能の違いについて積極的に目を向けることにより、これらの意味記述がより精密になると考えられる[2]。

以下、本章ではこれらの表現について分析する前提として、まず2節で本書の立脚するモダリティ論について説明し、「命題」と「モダリティ」の定義をする。次に3節では、事態に対する話し手の把握の仕方には推論過程を経ない「認識」と推論過程を経る「推論」の2つがあることを指摘する。次に4節では、蓋然性と関わる重要概念として「事態確定性」と「認識確定性」の2つがあることを説明する。次に5節では、推論には「演繹推論」と「帰納推論」の2つの型があることを論じる。次に6節において先行研究における副詞の2分類について概観し、最後に7節で本章のまとめを行なう。

2 命題とモダリティ

2.1 命題とモダリティの定義

文は「話し手が切り取った客体世界の事態[3]」を描く「命題」と、「発話時点における話し手の心的態度」を表す「モダリティ」から成ると考えられる。「命題」は話し手の存在とは独立に客体世界に存在するものであるという意味で「客観的」な表現であり、「モダリティ」は発話時点における話し手の心的態度に依存するという意味で「主観的」な表現である。

「モダリティ」はさらに、話し手による客体世界の把握の仕方を表す「命題態度のモダリティ」と、話し手の発話態度を表す「発話態度のモダリティ」とに分類される[4]。これらの関係は、「発話態度のモダリティ」の中に「命題態度のモダリティ」が埋め込まれ、「命題態度のモダリティ」の中に「命題」が埋め込まれるという構造になっている。この構造を(3)に示す。

(3) [[[命題] 命題態度のモダリティ] 発話態度のモダリティ]

たとえば、「かわいい猫だよ」という文を例に説明すると、「かわいい猫」は客体世界について述べたものであるため「命題」に分類される。その次の「だ」は「かわいい猫」に対する話し手の真偽判断を表すものであるため「命題態度のモダリティ」に分類され、「よ」は話し手が「かわいい猫だ」という判断を聞き手に伝える表現であるため「発話態度のモダリティ」に分類される。この関係を図1–1に示す。

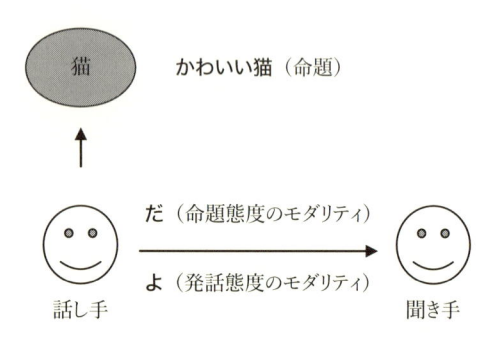

図1–1　「かわいい猫だよ」の発せられた状況

　この場合、話し手が判断の対象を「小さな猫」や「かわいい犬」ではなく、「かわいい猫」と捉えたのも話し手の主観によるといえなくもない。しかし、本書では「かわいい猫」は話し手が客体世界の事態として切り取ったものであるという意味で「客観的」な成分であると考える。
　命題とモダリティの区別は副詞の中にも見られる。たとえば（4）の場合、まずはじめに話し手の感嘆の気持ちを表す「おや〜ぞ」という構造がある。その中に話し手の真偽判断を表す「キット〜にちがいない」という構造が埋め込まれ、さらにその中に「明日はカナリ雨が降る」という構造が埋め込まれている。このように同じ副詞と称されるものの中にも、「キット」のようにモダリティとして機能するモダリティ副詞と、「カナリ」のように命題として機能する命題副詞とがある。

（4）［おや［キット［明日はカナリ雨が降る］にちがいない］ぞ］

2.2 命題とモダリティの境界

中右 (1980、1994) はモダリティを構成する要素として、①心的態度、②話し手、③発話時点の 3 つを挙げている。これらは互いに独立した概念であり、全ての要素がそろったときに典型的なモダリティ表現となる。

中右 (1994: 43–45) にもあるようにこれら 3 つには優位性の順序がある。第 1 に必要なのは①の「心的態度」の要素である。モダリティが主観的態度を表す以上この要素は不可欠で、この要素のないものは全て命題となる。第 2 に必要なのは②の「話し手」の要素である。話し手以外の心的態度は話し手によって直接経験することができず、客体化されたものとなるためである。第 3 に必要なのは③の「発話時点」の要素である。話し手の心的態度であっても、それが過去のものであれば客体化されたものとなるためである。したがって、①から③の要素のないものはすべて命題に分類される。なお、③の「発話時点」は厳密には瞬間的現在時に限られる。なぜならば、持続的現在時 (「～ている」) は発話時点以前からの心的態度を表すためである。

以上のように、本書では①心的態度、②話し手、③発話時点 (瞬間的現在時) の 3 つの要素がそろったものをモダリティとし、それ以外は全て命題と考える立場をとる[5]。

2.3 命題とモダリティの分類基準

次に命題とモダリティの分類基準について考える。命題は話し手が切り取った客体世界の事態を表す成分であるため、それ自体が真偽の対象となる。一方、モダリティは発話時点における話し手の心的態度を表す成分であるため、それ自体を真偽の対象とすることができない。このような性質の違いにより、命題とモダリティの分類基準として、①否定の焦点になるかどうか (否定テスト)、②疑問の焦点になるかどうか (疑問テスト) という「主観性判定テスト」が設定できる[6]。このテストで適格となるものは命題に属し、不適格となるものはモダリティに属すと考えられる。これを「かわいい猫だよ」によって確かめると、次のように命題は否定や疑問の焦点になり、モダリティは否定や疑問の焦点にならないことが分かる。

否定テスト
（5）a.　<u>かわいい猫</u>ではない。（命題）
　　　b.　＊かわいい猫<u>だ</u>ではない。（命題態度のモダリティ）
　　　c.　＊かわいい猫だ<u>よ</u>ではない。（発話態度のモダリティ）
疑問テスト
（6）a.　<u>かわいい猫</u>か？（命題）
　　　b.　＊かわいい猫<u>だ</u>か？（命題態度のモダリティ）
　　　c.　＊かわいい猫だ<u>よ</u>か？（命題態度のモダリティ）

　このテストで注意すべき点は、主観的な成分であっても適格文となる場合があるということである。たとえば、(7)、(8)は文としては自然な表現として成立する。

（7）　雨<u>だろう</u>か？
（8）　雨<u>です</u>か？

　しかし、(7)、(8)で疑問の焦点となっているのは、「だろう」や「です」の部分ではなく「雨」の部分である。その証拠に「雨」と「雪」を対比した文は成り立つが、「〜だろう」と「〜だ」や、「〜です」と「〜だ」を対比した文は非文となる。したがって、主観性判定テストを使う場合にはこのような点に注意する必要がある。

（9）a.　<u>雨</u>だろうか、<u>雪</u>だろうか？
　　　b.　<u>雨</u>ですか、<u>雪</u>ですか？
（10）a.　＊<u>雨</u>だろうか、<u>雨</u>だか？
　　　b.　＊<u>雨</u>ですか、<u>雨</u>だか？

　このようにして分類した文の意味的要素のうち、本書で扱う蓋然性を表す副詞は話し手の「真偽判断」（益岡1991の用語）を表すものであり、「命題態

度のモダリティ」の中に位置している。本書ではこの「真偽判断」はさらに「認識」と「推論」の2つに分けられると考える。次にこの2つの違いについて説明する。

3　認識と推論

田野村(1990)は次の2つの文を例にして、文には(11a)のように推量判断の関わるもの(推量判断実践文)と、(11b)のように推量判断の関わらないもの(知識表明文)とがあることを指摘した[7]。

(11) a.　(アノ風体カラスルト)あの男はヤクザだ。(田野村1990)
　　　b.　(君ハ知ラナイダロウガ)あの男はヤクザだ。(田野村1990)

　これを受け、本書では話し手が事態の成立を見たまま、記憶のままに捉えることを「認識」、事態の成立が不確かでその成立可能性について思考をめぐらすことを「推論」と呼んで区別する[8]。これらはまず客体世界に「事態」があり、次に事態に対する「認識」があり、認識が不十分な場合に「推論」が行われるという関係にある。この関係を図1–2に示す。

事態　→　認識　→　推論

図1–2　「事態」、「認識」、「推論」の関係

　たとえば、ある人物の性別を「事態」とすると、それについて見たまま、記憶のままに「男だ」、「女ではない」と捉えるのが「認識」、性別が不明な場合に「男ニチガイナイ」、「女カナ」と思考をめぐらすのが「推論」である。

(12) a.　あの人は男です。(見たままの認識)
　　　b.　あの人は男でした。(記憶による認識)
　　　c.　あの人は男ニチガイナイ。(推論)

「認識」と「推論」はいずれも事態成立に対する話し手の真偽判断を表すものであるため「命題態度のモダリティ」に分類される。両者の違いは、前者が推論過程を経ないのに対し、後者は推論過程を経るという点にある。そこで次にこれとの関係で、従来一般に混同されてきた「事態における確定性」と「認識における確定性」の違いについて説明する。

4 事態確定性と認識確定性

本書でいう「事態確定性」、「認識確定性」とは、三原(1995)の「事実確定性」と「判断確定性」を修正して導いた概念である。三原(1995)はまず、一般に「事態の成立に関する蓋然性」と「判断に関する蓋然性」が混同されていることを指摘して、次のように主張している。

> 一般的に言って概言のムード表現に関する研究において、事態の成立に関する蓋然性と判断に関する蓋然性が時として混同されることもあったように思う。蓋然性という概念はあくまでも話者による判断に限定して用いられるべきである。　　　　　　　　　　（三原 1995: 295）

三原(1995)の主張にあるように両者は区別する必要がある。ただし、従来どちらも同じ「蓋然性」と呼ばれてきたことから、本書では前者を「事態の蓋然性」、後者を「判断の蓋然性」と呼んで区別することにする[9]。前者は命題に属す概念であり、後者はモダリティに属す概念である。

「事態の蓋然性」：客体世界における事態成立の可能性の度合い
「判断の蓋然性」：話し手の判断の中での事態成立の可能性の度合い

これにより、(13a)、(14a)の下線部は「事態の蓋然性」を表し、(13b)、(14b)の下線部は「判断の蓋然性」を表すという違いが説明できる。

(13) a.　明日は寒波が来る<u>可能性ガ高イ</u>。（事態の蓋然性）
　　 b.　明日は寒波が来る<u>ニチガイナイ</u>。（判断の蓋然性）
(14) a.　明日は<u>カナラズ</u>寒波が来る。（事態の蓋然性）
　　 b.　明日は<u>キット</u>寒波が来る。（判断の蓋然性）

　次に三原 (1995) は「判断の蓋然性」について、その判断がどの程度確定的なのかを示す指針として「判断確定性」の概念を提唱した。

> 　判断確定性の概念は現実世界における事態の生起可能性を捉えようとするものではなく、判断が話者の意識の中でどの程度確定的と捉えられているかを巡る概念である。つまりそれは文の内容に関わる確定性ではない。
> 　　　　　　　　　　　　　　　　　　　　　　　　（三原 1995: 296）

　三原 (1995) の「判断確定性」をまとめたものが表 1–1 である。表の左列はムードの表現が連体修飾節に入るかどうかを示している。

表 1–1　三原 (1995) の「判断確定性」

	ムードの表現	判断確定性
OK	ソウダ（予感・予想）、ヨウダ・ミタイダ（様態）	完全確定
OK	デアロウ、ハズダ	主観的確定
OK	カモシレナイ	確定に近似
OK #	ニチガイナイ	直感的確定
??	ラシイ	未確定に近似
*?	ダロウ	未確定
*	ヨウダ・ミタイダ（蓋然性）、ソウダ	完全未確定

　三原 (1995) の「判断確定性」は、文末のモダリティ形式を整理するのに有効な概念である。しかし、「主観的確定」、「確定に近似」、「直感的確定」などの分類基準は些か恣意的な感がする。そこで本書では三原 (1995) の「判断確定性」を修正して表 1–2 のように考える。

表 1-2 「事態確定性」と「認識確定性」

文末形式	事態確定性	認識確定性
ダ／φ	確実	（確定 or 不確定）
カモシレナイ	不確実	
ニチガイナイ		不確定
ヨウダ		不確定
ラシイ		不確定
ダロウ		（確定 or 不確定）

　表1-2において、「事態確定性」とは客体世界における事態成立の確実・不確実のことをいう[10]。すなわち、客体世界においてある1つの事態が確実に成立する（または成立しない）場合は事態確定性が「確実」となり、複数の事態の成立可能性が共存する場合は「不確実」となる。前者は「ダ／φ」、後者は「カモシレナイ」で表される。一方、「認識確定性」とは話し手の頭の中における事態成立の「確定・不確定」のことをいう。すなわち、事態成立の可能性が1つにせよ複数にせよ発話時点においてどちらかに定まっている場合は「認識確定性」が「確定」となり、定まっていない場合は「不確定」となる。前者の場合は「ダ／φ」または「カモシレナイ」によって表され、後者の場合は「ニチガイナイ」、「ヨウダ」、「ラシイ」のような推量表現、あるいは「あれは何かしら」、「これは何だろう」のように認識が定まっていないことをそのまま述べる表現で表される。

　ここで注意したいのは、「認識確定性」は文末形式自体に備わったものではなく、知識表明文や推量文などの「文」に備わったものであるということである。すなわち、「ダ／φ」や「カモシレナイ」自体は「事態確定性」の「確実・不確実」を表すにすぎず、それが知識表明文に使われれば「認識確定性」が「確定」となり、推量文に使われれば「不確定」となるのである。これに対し、「ニチガイナイ」、「ヨウダ」、「ラシイ」は基本的に推量文に使われ、それ自体に推量の意味が入るため、「認識確定性」は「不確定」となる。なお、三原(1995)は「ソウダ（予感・予想）」、「ヨウダ・ミタイダ（様態）」、「ハズダ」をムードの表現に位置付けているが、これらはみな「ソウーダ」、「ヨ

ウ-ダ」、「ミタイ-ダ」、「ハズ-ダ」のように「(　)-ダ」という構造をしているため、本書では全て「ダ」に含めて考える。

次に「事態確定性」と「認識確定性」の関係について説明する。たとえば、ある男がスパイであるかどうかが話題となっているとき、スパイである可能性が「確実」であれば(15a)のようにいい、スパイでない可能性が「確実」であれば(15b)のようにいう。これを「事態確定性」が「確実」であるという。また、スパイである可能性とスパイでない可能性が共にある場合は(15c)のようにいう。これを「事態確定性」が「不確実」であるという。このように(15a,b)と(15c)とでは事態確定性に違いがあるものの、男がスパイである可能性が「ある」のか「ない」のか「両方」なのかという点に関しては発話時点で1つの認識に達している。これを「認識確定性」が「確定」であるという[11]。これらはいずれも「知識表明文」の例である。

(15) a. 　ねえ、知ってる？　あの男はスパイ<u>ダ</u>よ。
　　 b. 　ねえ、知ってる？　あの男はスパイ<u>ジャナイ</u>よ。
　　 c. 　ねえ、知ってる？　あの男はスパイ<u>カモシレナイ</u>よ。

また、「ダ／φ」や「カモシレナイ」は(16)のように「推量文」に使われることもある。その場合、発話時点において話し手は、男がスパイである可能性が「ある」のか「ない」のか「両方」なのかはっきり認識していない。これを「認識確定性」が「不確定」であるという。(15)、(16)により、「認識確定性」が「確定」なのか「不確定」なのかということは、「ダ／φ」や「カモシレナイ」自体に備わった性質ではなく、「知識表明文」や「推量文」といった文に帰せられるものであると考えられる。

(16) a. 　思うに、あの男はスパイ<u>ダ</u>。
　　 b. 　思うに、あの男はスパイ<u>ジャナイ</u>。
　　 c. 　思うに、あの男はスパイ<u>カモシレナイ</u>。

一方、(17)の「ニチガイナイ」、「ヨウダ」、「ラシイ」は基本的に推量文に使われるため、「認識確定性」は「不確定」となる。

(17) a. 思うに、あの男はスパイニチガイナイ。
  b. 思うに、あの男はスパイノヨウダ。
  c. 思うに、あの男はスパイラシイ。

残る「ダロウ」は(18a)のように「推量文」にも使われるが、(18b)、(18c)のように「確認の文」にも使われる。そのため、「ダロウ」自体が推論を表すわけではないと考えられる[12]。

(18) a. 思うに、あの男はスパイダロウ。
  b. 私って綺麗デショウ？
  c. ニンジンデショウ、玉ネギデショウ、あと何を買うんだっけ？[13]

「ダロウ」の特徴は、「ダ／φ」、「カモシレナイ」、「ニチガイナイ」には後続するが、「ヨウダ」、「ラシイ」には後続しない点にある。詳しくは第2章で論じるが「ニチガイナイ」は確信(思い込み)による推量を表し、「ヨウダ」、「ラシイ」は根拠に基づく推量を表す。このことから「ダロウ」は根拠に基づく推量とは相性が悪いことが分かる。本書では「ダロウ」は証拠不足のため当該の認識や推量が確証できないことを表す表現であると考える。

(19) a. あの男はスパイ−ダロウ。
  b. あの男はスパイカモシレナイ−ダロウ。
  c. あの男はスパイニチガイナイ−ダロウ。
  d. *あの男はスパイノヨウ−ダロウ。
  e. *あの男はスパイラシイ−ダロウ。

5　推論の型

次に「推量文」との関係で推論には2つの型があることを説明する。木下(1999)は「推論」を「一つ以上の根拠から帰結を導くこと(p.19)」と定義し、「演繹推論」と「帰納推論」の2つの型があることを指摘した[14]。「演繹推論」とは「pならばq」[15]という知識を持つ人が「p」の存在を根拠にして「q」を導く推論のことを指し、「帰納推論」とは「pならばq」という知識を持つ人が「q」の存在を根拠にして「p」を導く推論のことを指す。これを図1-3に示す。

「演繹推論」
　　「知識（pならばq）」と「p」を根拠として、「q」を導く推論

　　　　根拠（P）：知識（pならばq）
　　　　　　　　　　　　p
　　　　―――――――――――――――――
　　　　帰結（Q）：　　　q

「帰納推論」
　　「知識（pならばq）」と「q」を根拠として、「p」を導く推論

　　　　根拠（P）：知識（pならばq）
　　　　　　　　　　　　q
　　　　―――――――――――――――――
　　　　帰結（Q）：　　　p

図1-3　「演繹推論」と「帰納推論」

たとえば、ある人が「知識（家が古い→ネズミがいる）」を持っていたとき、古い家を見てその家にネズミがいることを推論するのが「演繹推論」、ネズミを見てその家が古いことを推論するのが「帰納推論」である。こうして、木下(1999)は「カモシレナイ／ニチガイナイ／ハズダ」は「演繹推論」を表し、「ヨウダ／ラシイ」は「帰納推論」を表すと説明した。

(20) 「知識（家が古ければネズミがいる）」
(21) （家が古いことを知って）
   a. ＊（どうやら）あの家にはネズミがいるヨウダ／ラシイ。
   b. あの家にはネズミガいるカモシレナイ／ニチガイナイ／ハズダ。
(22) （ネズミがいるのを知って）
   a. （どうやら）あの家は古いヨウダ／ラシイ。
   b. あの家は古いカモシレナイ／ニチガイナイ／ハズダ。
（(20)〜(22) は木下 1999 の例文）

　また、木下（1999）は「演繹推論」には「知識（p ならば q）」から導かれるものと、「q ならば p」から導かれるものの 2 種類があるとして、以下に引用するような説明をしている。

　　「カモシレナイ、ハズダ」は、4.2.1 節で見たように、「知識（p → q）」の p が「推論」されたことを表わすことができる。しかし、次の(72) の場合にはやや不自然である。

(72) a. 「知識（無理な運転をする→事故が起きる）」
　　b. （事故が起きたのを見て）
　　　?? 無理な運転をしたカモシレナイ／ハズダ。

　　これに対し、「ヨウダ、ラシイ」は専ら p が「推論」されたことを表わすのであるから、当然のことながら、p の「推論」を表わしにくいということはあり得ない。

(73) （事故が起きたのを見て）
　　　（どうやら）無理な運転をしたヨウダ／ラシイ。

　このように、「カモシレナイ、ハズダ」は p が「推論」されたことを表

わしにくい場合があるが、「ヨウダ、ラシイ」の場合には、そのようなことはない。

　これは、「カモシレナイ、ハズダ」の表わす「推論」が「A → C」を根拠とし、C を導くものであり、「ヨウダ、ラシイ」は「知識(p → q)」と q を根拠とし、p が導かれたことを表わすと考えれば説明ができる。

　このように考えた場合、「カモシレナイ、ハズダ」を用いて p が導かれたことを表わすためには、「q → p」という「知識」の存在が必要となる。しかし、この「q → p」は、「知識」として存在しているとは想定しにくい場合があると考えられる。次の (74) は、先の (72a) に示した「知識(p → q)」の、p と q を逆転させた「q → p」という含意関係であるが、このような含意関係は不自然である。

(74) ?? 事故が起きたならば無理な運転をした。

　一方、「ヨウダ、ラシイ」は、p が「推論」されたことを表わす形式であるが、この「推論」に用いられる「知識」は、「知識(p → q)」であって、「q → p」ではない。従って、「q → p」が「知識」として存在しているか否かによって、p が「推論」されたことを表わせるかどうかが左右されることはないのである。　　　　　　　　　　　（木下 1999: 61–62）

　しかし、本書では「演繹推論」に敢えて「q → p」を設定する必要はないと考える。なぜならば、(23) に示すように、木下 (1999) の例文 (72b) は「ニチガイナイ」を使えば適格となるからである。この点については、木下 (1999: 61) も「理由はわからないが、ニチガイナイの場合は不自然ではないと思われる」と述べている。

(23) a.　「知識(無理な運転をする→事故が起きる)」
　　 b.　(事故が起きたのを見て)
　　　　 無理な運転をした<u>ニチガイナイ</u>。

木下(1999)は「ニチガイナイ」、「カモシレナイ」、「ハズダ」を同じ「演繹推論」を表すグループとしてまとめているが、本書では「ニチガイナイ」は話し手の「推論」を表すのに対し、「カモシレナイ」と「(ハズ)－ダ」は話し手の「認識」を表すという質的な違いがあると考える(詳しくは第2章3節で論じる)。したがって、「ニチガイナイ」のみを考えれば「演繹推論」は「知識($p \rightarrow q$)」1つで足りるのである。
　さて、上のような場合に「カモシレナイ」が自然に使えるようにするには、(24b)のように話題の焦点を「の」のスコープに入れる必要がある。ところが、(25)の場合は「の」のスコープに入れなくても自然な文となる。

(24)　(事故が起きたのを見て)
　　　a. ?? 無理な運転をした<u>カモシレナイ</u>。
　　　b. 　無理な運転をした<u>ノカモシレナイ</u>。
(25)　君の忠告がなければ、無理な運転をした<u>カモシレナイ</u>。

　両者の違いは、(24b)の「無理な運転をした」が従属節(理由節)であるのに対し、(25)の「無理な運転をした」は主節であるという点にある。前者の「無理な運転をした」が従属節(理由節)であることは、(26)のように省略部分を補って考えるとよく分かる。

(26)　無理な運転をした(から事故が起きた)<u>ノカモシレナイ</u>。

　このように、従属節を「カモシレナイ」の話題の焦点に据えるためには、それを「の」のスコープに入れる必要がある。
　なお、「ハズダ」は「無理な運転をしたハズダ」も「事故が起きるハズダ」も不適格となる。

(27)　「知識(無理な運転をする→事故が起きる)」
　　　a. *(事故が起きたのを見て)無理な運転をした<u>ハズダ</u>。

b. ＊（無理な運転をしているのを見て）事故が起きるハズダ。

　これは「ハズダ」がある条件の下での道理を表す表現だからである。したがって、そのような文脈ならば、「無理な運転をしたハズダ」も「事故が起きるハズダ」も適格となる。

(28) a. 　こんな見通しのいいところで事故を起したのだから、間違いなく無理な運転をしたハズダ。
　　 b. 　あんな無理な運転をしていれば、いずれ事故が起きるハズダ。

　また、「ダ／φ」は推量文において、「演繹推論」にも「帰納推論」にも使われる。（ただし、「φ」は後に終助詞を伴ったほうが言いやすくなる。）

(29) 「知識（無理な運転をする→事故が起きる）」
　　 a. 　（事故が起きたのを見て）無理な運転をしたな。
　　 b. 　（無理な運転をしているのを見て）事故が起きるぞ。

　以上のことから、本書では「ニチガイナイ」は「演繹推論」と「帰納推論」の両方に使われる推量表現であり、「ヨウダ」と「ラシイ」は「帰納推論」のみに使われる推量表現であると考える。一方、「ダ／φ」と「カモシレナイ」は推量文にも知識表明文にも使われる表現で、推量文においては「演繹推論」にも「帰納推論」にも使われると考える。

　最後に「演繹推論」と「帰納推論」の整理をしておく。「演繹推論」は「知識（p→q）」をもとに既知のpから未知のqを導く推論であり、「帰納推論」は「知識（p→q）」をもとに既知のqから未知のpを導く推論である。ここで注意したいのは、pとqの流れの向きである。「演繹推論」では知識と推論でpとqが同じ方向に流れるのに対し、「帰納推論」では知識と推論でpとqの流れの向きが逆になる。木下（1999）の「推論の型」はこのような修正を加えることにより、簡潔でより一層説得力のあるものとなる。　（杉村2001e参照）

演繹推論：知識 (p → q) ⇒ 推論 (p → q)
帰納推論：知識 (p → q) ⇒ 推論 (q → p)

　以上、2節から5節では蓋然性を表す副詞を見る際に必要となる概念規定を行った。その結果、いわゆる蓋然性には「事態の蓋然性」と「判断の蓋然性」の2つがあり、両者は分けて考えなければいけないことを指摘した。次に6節では副詞論に関する先行研究を概観し、同じ副詞と呼ばれるものの中にも客観的な事態と関わる「命題副詞」と、話し手の判断と関わる「モダリティ副詞」に大別されることを見る。

6　先行研究における副詞の2分類

日本語における副詞研究は、山田（1936）以来多くの論考がなされてきた。研究者によってどの語を副詞と認定するのか、どのように分類するのかという点で様々な見解が示されてきたが、いずれも副詞を大きく2つに分類する点で共通している。本節ではこうした研究の流れを概観する。

6.1　属性副詞と陳述副詞

6.1.1　山田（1936）の研究

山田（1936）は「副詞は語形に変化なく、常にその依りて立つべき語句の前に存するものなりとす(p.368)」として、次のように分類した。このうちの「語の副詞」が一般にいう「副詞」に相当する。

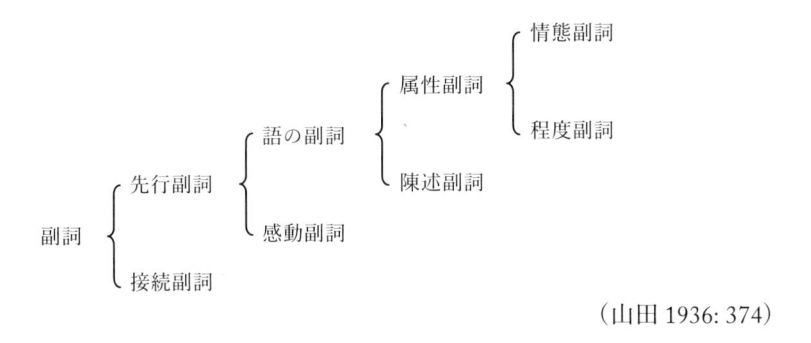

```
                              ┌ 情態副詞
                    ┌ 属性副詞 ┤
            ┌ 語の副詞 ┤        └ 程度副詞
     ┌ 先行副詞 ┤      └ 陳述副詞
副詞 ┤       └ 感動副詞
     └ 接続副詞
```

（山田 1936: 374）

　山田（1936）は「語の副詞」には属性を修飾するものと、陳述を修飾するものとがあるとして、両者を区別して考える必要があるとした。

　　語に依存する副詞は又これを大別して属性の装定をなすものと陳述の装定をなすものとの二とするを得べし。この二別は用言に属性と陳述の力との二要素の存する事実に並行するものなり。従来の説にては副詞の職能は用言の修飾をなすものとしたり。然れどもそはその職能の全体にあらざること前に述べし如くなるが、同じく用言を修飾すといひても、その普通の用言に属性と陳述との二者の合併して存在せるものなるを注意せざるを以て副詞の研究は甚だ粗雑なるものなりき。用言は一面に於いて属性観念をあらはし、一面に於いて陳述をなすものなり。かくて用言に関する方面より見れば副詞にもこの属性の装定をなす性質のものと、陳述の装定をなす性質のものとあり得べき筈なり。

（山田 1936: 372）

　山田（1936）は「語の副詞」を「属性副詞」と「陳述副詞」に分類し、「属性副詞」をさらに「情態副詞」と「程度副詞」に分類した。

　情態副詞：自ら属性をあらはし、かねて、属性の修飾をなしうるもの
　　　　　（例）あきらか、つまびらか、はるか、ほのぼの、ちらちら、

　　　　　からり
　　　　　漠然、混沌、静粛
　　程度副詞：意義としては単に程度をあらはすものにして専ら他の属性を
　　　　　あらはす副詞又は用言に属してその属性の程度を示すに用ゐ
　　　　　らるゝもの
　　　　　（例）いと、やや、甚だ、頗る、もつとも、たゞ
　　陳述副詞：述語の陳述の方法を修飾するものにして、述語の方式に一定
　　　　　の制約あるもの
　　　　　（例）けだし、もし、よも、をさをさ

このうち、「陳述副詞」はさらに次のように下位分類されている。

　　【述語に断言を要する副詞】
　　　一、肯定を要するもの
　　　　　かならず　もつとも　是非　まさに
　　　二、打消を要するもの
　　　　　いさ　え　さらさら　つやつや　つゆ　ゆめ
　　　三、強めたる意をあらはすもの。述語はその意によりて肯定又は打消
　　　　　をなす
　　　　　いやしくも　さすが
　　　四、決意をあらはすもの。同上
　　　　　是非　所詮
　　　五、比況をあらはすもの。同上
　　　　　恰も　さも

　　【述語に疑惑仮説等にわたるものを要する副詞】
　　　一、述語に疑問の語を要するもの
　　　　　など　なぞ　いかゞ　あに　いかで
　　　二、述語に推測の語を要するもの

　　　　けだし　よも　をさをさ
　　三、述語が仮定条件を要するもの
　　　　もし　たとひ　よし

　山田(1936)の副詞分類は、副詞を属性の装定をなすものと陳述の装定をなすものとの2つに分けた点で、現在のモダリティ論につながる研究である。ただし、次のような点で分類に不十分な部分が見られるため、さらに精密な分類が必要となる。たとえば、山田(1936)は「述語に肯定の断言を要する」陳述副詞として、「カナラズ」と「ゼヒ」を同じ1つのカテゴリーに分類している。しかし、(30)に示すように、「カナラズ」は属性の装定をするが、「ゼヒ」は陳述の装定をするという違いがある[16]。

(30) a. 私はカナラズ毎日日記をつけることにしたい。
　　 b. 私はゼヒ毎日日記をつけることにしたい。

　その証拠に、「カナラズ」が疑問の焦点となるのに対し、「ゼヒ」は疑問の焦点とはならない。

(31) a. あなたはカナラズ毎日日記をつけますか。
　　 b. *あなたはゼヒ毎日日記をつけますか。

　さらに、(30a)から「カナラズ」を省くと、文の内容は「毎日欠かさず日記をつける」という意味から単に「毎日日記をつける」という意味に変わるのに対し、(30b)から「ゼヒ」を省いても話し手の意志の強さこそ変化すれ、「毎日日記をつけることにする」という意志の中身自体に変化はない。このことから、「ゼヒ」は陳述副詞であると考えられるが、「カナラズ」は属性副詞であると考えられる。
　山田(1936)の陳述副詞の分類は、「強めたる意をあらはすもの」というのも恣意的な基準であるし、「決意をあらはすもの」と「比況をあらはすもの」

を並列する理由も不明確であるなど、異質のものが混在している。こうした点を考慮せずに一律に「陳述の装定をなす」とするのは問題である[17]。

6.1.2 橋本（1939）の研究

山田（1936）が意味によって副詞を分類したのに対し、橋本（1939）は形式の面から副詞を分類した。橋本（1939）は活用せず主語や客語にならないものを「副用言」と呼び、これをさらに接続機能を持つ「接続詞」、用言を修飾する「副詞」、体言を修飾する「副体詞」（いわゆる連体詞）の3つに分類した。このうち副詞については、「山田氏は「―と」「―に」のあるものは之を除いたものを副詞とした。独立せぬものを一語とするは賛しがたき故、之をみとめず(p.113)」と述べ、これを形容動詞の副詞形とした。しかし、橋本(1939)の品詞分類は形式面に片寄っており、機能の観点から見た場合、必ずしも形容動詞の副詞形を副詞から分離する必要があるとは思われない。また、橋本(1939)は「用言を修飾する」ものを副詞と規定しておきながら、「さうだ」や「しばらくだ」のように述語になるものや、「稍北」、「最も東」のように体言を装定するものもあるとしている。このような分類基準の曖昧さも問題である。

　さらに橋本（1939）は、「山田氏の陳述副詞のうち、確める意及び決意を表はすものは、必ずしも、言ひ方を制限しない(p.117)」として、陳述副詞を特別の述語を要求するものに限定した。しかし、陳述副詞にとって重要なのは有標の形式を要求することではなく、陳述の装定をするという機能にある。したがって、無形の陳述形式を修飾する副詞を陳述副詞から排除するのは問題である。

6.1.3 時枝（1950）の研究

時枝(1950)は語を思想の表現過程の違いによって「詞」と「辞」に分類し、基本的にいずれか一方に所属するとした。「詞」は「思想内容或は表現される事柄を、一旦客体化し、概念化した(pp.51-52)」ものであり、「辞」は「客体界に志向する言語主体の感情、情緒、意志、欲求等を表はす(p.54)」もの

である。ただし、副詞と連体詞は例外で、一語にして概念と同時に修飾的陳述を含むと述べ、1つの語に2つの機能が備わっているとした。

　時枝(1950)は「詞」と「辞」を区別する中で、「辞」を修飾する副詞を「陳述副詞」と呼んで一般の副詞と区別した。時枝のいう「陳述副詞」とは、「恐らく」といえば「だろう」のような推量表現、「決して」といえば「ない」のような否定表現、「もし」といえば「ば」のような仮定表現と呼応する副詞のことである。

(32)　明日は恐らく晴天だろう。(時枝 1950)
(33)　彼はあのことを決して忘れない。(時枝 1950)
(34)　もし君が行けば僕も行く。(時枝 1950)

　そのうえで時枝(1950)は、「陳述副詞と云はれてゐるものは、云はば、陳述が上下に分裂して表現されたもので、「無論……だ」「決して……ない」「恐らく……だろう」を一の辞と考へるべきであらう(p.124)」と論じている。

　たしかに、陳述副詞にはこのような共起関係が見られる[18]。しかし、時枝のいうように上下で1つの辞と考えるのは問題である。なぜならば、これらは古語の「な～そ」のような一対一対応の関係にあるわけではないからである。事実、「キット」は「行くだろう」(推量)、「行きます」(意志)、「行け」(命令)、「行こう」(勧誘)など複数の表現と共起するし、「ダロウ」も「キット」、「タブン」、「オソラク」など複数の副詞と共起する。したがって、副詞の意味とその呼応先の意味はそれぞれ別に考える必要があると思われる。

6.1.4　渡辺 (1971) の研究

渡辺(1971)は「職能」という観点から副詞を連体副詞(いわゆる連体詞)、連用副詞(同程度副詞)、誘導副詞(同陳述副詞)、接続副詞(同接続詞)、並列副詞(同接続詞)、陳述副詞(同感動詞)の6つに分類した。このうち本書と関係のあるのは連用副詞と誘導副詞である[19]。渡辺(1971)はそれぞれ次のように説明している。

〔連用副詞〕

　　　美しく咲く花
　　　静かに読むから頭に入るのだ。
　　　ちょっと登ってごらん。
などと言う場合、統叙作用である「咲く・読む・登る」などの動作は、当然のこととして「如何に」咲き「如何に」読み「如何に」登るか、などを更に問いうる動作であって、そこにはその動作の行なわれる状態が、動作に必然的に含まれる属性として、未分析のままに内蔵されていると考えられる。そして統叙素材に未分析のままに内蔵されていると考えられる。そして統叙素材に未分析のままに内蔵されている属性概念を分析抽出したものが、連用素材としての「美しい」であり「静かだ」であり「ちょっと」に他ならないのである。　　　（渡辺 1971: 156）

〔誘導副詞〕

　　例えば「決して」や「もし」が否定を表わし仮定を表わす、と考えるのは適当ではないであろう。否定や仮定の表現は何かの素材的要素を対象として成立し、その素材的要素を完全に支配する。
　　　美しくない　　桜なら
という場合、否定の表現は素材的要素「美しい」を完全に支配しているが、こういうのが否定の表現なり仮定の表現なりの真のあり方である。これに対して
　　　決して美しい　　もし桜だ
という言い方が、否定表現や仮定表現であり得ないということから明瞭なように、「決して」や「もし」は、否定そのものを表現し仮定そのものを表現するとは認められないのである。それらの役割は真の否定表現や真の仮定表現に先行して、その真の否定表現・真の仮定表現の予告をする、というに留るのである。これが本書の誘導の副詞である。すなわち表現の本体は後続する部分にあり、その後続する本体を予告しそれを誘導する、それがこの関係構成的職能の実質であると言

うことが出来る。山田博士に従って、この職能を「陳述を修飾」すると考えることには、「陳述」という術語と共に「修飾」という術語に疑問がある。この職能は誘導対象を持ちはしても、連体展叙・連用展叙のような修飾・限定の対象を持ちはしないからである。

(渡辺 1971: 311–312)

　渡辺(1971)は単に呼応関係に着目するのではなく、構文的職能の観点から捉えているため、品詞の違いを越え、機能的に同じものを同列に扱うことができる。しかし、「展叙」や「統叙」といった概念になお議論の余地がある上に、ある1つの職能を表すとされるものの中に異質なものが混在しているといった不備が見られる[20]。

　また、「キット」が推量、意志、命令、勧誘など複数の表現と共起したり、「ダロウ」が「キット」、「タブン」、「オソラク」など複数の副詞と共起したりすることは、単に誘導という概念だけでは説明することができない。同様に「ゼンゼン」と「ケッシテ」はともに否定表現を誘導するが、これを単に否定を誘導するというだけでは、次の文の文法性判断の違いを説明することができない。

(35) a.　この問題をどう解けばいいのかゼンゼンわかりません。
　　 b.　*この問題をどう解けばいいのかケッシテわかりません。
(36) a.　*私はあの時のことをゼンゼン忘れないつもりだ。
　　 b.　私はあの時のことをケッシテ忘れないつもりだ。

　(35)は「どれくらいわかるのか」という理解の程度量について述べたものである。この文において「ゼンゼン」は事態の否定を表すというよりは、理解の程度がゼロであることを表している。一方、(36)は「あの時のことを忘れる」という可能性について述べたものである。この文において「ケッシテ」はそのような可能性の成立することを強く否定している。このような使い分けの違いは、単に誘導というだけでは説明できない。

渡辺（1971）は誘導副詞について、「叙述の知的内容量に対しては、全く増減の影響を及ぼすことがない (p.310)」としている。しかし、「ゼンゼン」は程度量という叙述の知的内容量に影響を及ぼすと考えられる。そうすると、誘導副詞とは何か、連用副詞とは何かということが改めて問い直されなければならなくなる。この点について案野（1996）は、「渡辺は、誘導成分の概念を「表現主体の批評内容」としているが、極端なことを言うならば、程度副詞の程度概念も先に記したように、表現主体の主観的な評価を伴うとも言えるし、（中略）程度の概念を持ち合わせる語を誘導するとも言えるのである。「誘導」の表す範囲を「修飾」にまで広げた例であり、術語としての厳密性は薄れることになろう (p.92)」と批判している。このような批判を避けるには、一文の中で事態を表す部分と判断を表す部分とを厳密に区別する必要があると思われる。

6.2 命題副詞とモダリティ副詞
6.2.1 中右（1980）の研究
中右（1980: 159）は「命題」を「話者が切り取った現実世界の状況（出来事、状態、行為、過程など）」、「モダリティ」を「発話時における話者の心的態度を叙述したもの」と定義し、副詞を命題の内側にある「命題内副詞」と命題の外側にある「命題外副詞」の2つに分類した。

命題外副詞
(1) 価値判断の副詞、(2) 真偽判断の副詞、(3) 発話行為の副詞、
(4) 領域指定の副詞、(5) 接続副詞 [21]
命題内副詞
(6) 時・アスペクトの副詞、(7) 場所の副詞、(8) 頻度の副詞、
(9) 強意・程度の副詞、(10) 様態の副詞

これと先の陳述副詞・誘導副詞を対比すると、多くの陳述副詞や誘導副詞が中右（1980）の命題外副詞に対応することが分かる。しかし、従来陳述副

詞や誘導副詞に分類されてきた「ゼンゼン、ケッシテ、マッタク、タトエ、カリニ（モ）」は、命題内副詞の「(9)強意・程度の副詞」に分類されている。これは中右 (1980) のいうモダリティが「瞬間的現在時の話者の心的態度 (p.159)」に限られるためである。

ところで、「(9)強意・程度の副詞」には雑多なものが混在しており、上の例のほかに「スコシ、チョット、タダタンニ、カンゼンニ、ゼッタイニ、タイヘン、タイソウ、ホントウニ、ヒジョウニ、カナリ、モット、モットモ、ハナハダ、ナカナカ、ナントナク、キワメテ、ホトンド、アエテ、アクマデ（モ）、トウテイ、イカニモ」が挙げられている。この点に関しては、中右 (1980) 自身も次のように分類に不備のあることを認めている。

> この分類で(9)に含まれる一部の副詞については問題が残る。第1に、強意の副詞と程度の副詞を分ける明確な論拠が求められる。第2に、強意の副詞は、概して、命題外副詞（モダリティの副詞）とするのが妥当と思われる理由がある。たとえば、「ない」と呼応関係にある「決して」、「到底」、「ほとんど」など。　　　　　　　　　（中右 1980: 166）

しかし、このうちの第2の点に関しては問題がある。なぜならば、「ない」と呼応関係にあるからといって、必ずしも命題外副詞であるとは限らないからである。事実、「火の鳥はケッシテ死なない」、「彼の学力ではトウテイ受からなかった」、「入試問題はホトンドできなかった」の「ケッシテ」、「トウテイ」、「ホトンド」は、話し手とは独立した客体世界の事態を描いたものである。もし、否定と呼応するという理由でこれらを命題外副詞とするならば、「今回の不祥事はハナハダ遺憾だ」の「ハナハダ」や、「入試問題はホトンドできた」の「ホトンド」も、肯定と呼応する命題外副詞ということになる。しかし、これらは客体的な程度量を規定するため、命題内副詞であると考えられる。これと並行的に考えると、「ない」と呼応する「ケッシテ」、「トウテイ」、「ホトンド」も程度量を規定する命題内副詞であると考えられる。

また、中右 (1980) は「カナラズ」と「キット」を同じ「真偽判断の副詞」

に分類している。しかし、(37a)と(37b)を比べると、「キット」はモダリティ成分を修飾し、「カナラズ」は命題成分を修飾するという違いのあることが分かる。

(37) a. 彼は {キット／*カナラズ} 彼女のことが好きなのだろう。
　　 b. 彼は毎日 {?キット／カナラズ} 6時に起きる習慣だ。

中右(1980)の副詞2分類は、文の意味構造に沿ったものであるという点で有益な分類である。しかし、以上のような点に関してさらに分析を進める必要がある。

6.2.2 益岡（1991）の研究

益岡(1991)はモダリティを「表現者の表現時での判断・表現態度を表す要素(p.34)」と定義し、この定義に従うものを一次的モダリティ、客観化を許すものを二次的モダリティとしている[22]。益岡(1991)のモダリティ論の特徴は、モダリティを階層構造として捉えている点にある。益岡(1991)は、モダリティには核要素（「ダロウ」、「ラシイ」、「ヨウダ」、「カ」など）と呼応要素（「タブン」、「ドウモ」、「イッタイ」など）があるとして、それらが命題の外側を順次挟み込んでいくというモダリティ観に立っている。しかし、ある要素とある要素が本当に呼応関係にあるのかといった点や、形式的に外側にある成分が本当に上位のモダリティなのかといった点で、検討の余地が残されている。

益岡(1991)は副詞と文末形式の呼応について、「たぶん、花子はもうすぐ帰って来るだろう」という文を例にして次のように論じている[23]。

> この例では、「だろう」は、真偽判断の対象としてふさわしい内容を表す要素の存在を要求するという意味において、主要素の機能を果たしている。そして、真偽判断の対象を表し、「だろう」に対する従要素の位置にあるのが、「花子はもうすぐ帰って来る」という要素である。こ

れに対して、「たぶん」は真偽判断の対象に含まれるのではなく、主要素「だろう」と相応ずる要素である。

そこで、依存関係における主要素として働くモダリティ形式を「モダリティの核要素」、その形式と同じカテゴリーに属し文中でそれと呼応するモダリティ形式を「モダリティの呼応要素」、とそれぞれ呼ぶ（後略）

（益岡 1991: 41）

さらに、益岡（1991）は次のような指摘をしている。

例えば、「きっと」、「たぶん」、「あるいは」は確かさの度合いを表す代表的な副詞であるが、これらはそれぞれ、非常に高い度合い、かなり高い度合い、低い度合い、を表現するのに用いられる。そして、次の例からわかるように、「きっと」は「に違いない」と共起し、「あるいは」は「かもしれない」と共起する。

(26)　そのおかあさんは、きっとそのことを悟られたに相違ない。

（寿岳章子『暮しの京ことば』）

(27)　あるいは直子が僕に対して腹を立てていたのは、キズギと最後に会って話をしたのが彼女ではなく僕だったからかもしれない。

（村上春樹『ノルウェイの森』）

要点として強調しておかなければならないのは、「に違いない」と「かもしれない」が確かさの度合いの中の特定のものを表すという点である。どちらも共起する副詞が特定のものに限られるわけである。これに対して、前節で論じた「だろう」は、確かさの度合いを表す副詞と共起できることは事実であるが、特定の度合いしか表せないというのではなく、基本的には確かさの度合いに限定はない。「きっと」、「たぶん」といっしょに使えることは、(18)(19)に示される通りである[24]。ただし、「あるいは」と共起し難いことからすると、あまり度合いが低い場合は、断定保留の基本的表現にはそぐわないと言えそうである。

（益岡 1991: 115–116）

たしかに、副詞と文末のモダリティ形式には一定の対応関係があり、両者の共起を見ることによりお互いの意味分析を進めることができる。しかし、上のような分析のみでは、結局副詞と文末のモダリティ形式の機能の違いが不明確なまま終わる。

「共起」と「呼応」に関しては、工藤（1982）に次の指摘がある。

> 「共起」現象は、同じレベルに同居しているということだから、比較的単純に形式化しうる。「呼応」は、単なる同居ではなく、むすびつきであるから、つきつめていけば"意味"的関係である。「ぜひ私も行きたい。」の「ぜひ」を話し手の希望と呼応していると見るか、有情主体の希望と呼応していると見るか、実現の必要性と呼応していると見るか、という問題が生じるのも、このためである。最終的には分析者の解釈力が問われることになる。
> しかしまた、「共起」と「呼応」が基本的に（あるいは大多数の場合というべきか）平行関係にあることも、事実である。　　（工藤 1982: 71）

この指摘は重要であり、共起関係を見る際には常に心がけておく必要がある。そのうえで、本書でも益岡（1991）と同様に、副詞と文末のモダリティ形式の共起に着目して分析を行ないたい。

6.2.3　工藤（1982）の研究

工藤（1982）は「叙法性 modality」を「話し手の立場からする、文の叙述内容と、現実および聞き手との関係づけの文法的表現（p.50）」と定義し、一次的な基本叙法と二次的な擬似叙法があると述べている。

> 「するようだ・しそうだ・するにちがいない・するにきまっている・すると見える」等々の形式が、過去形をもち、連体形・条件形など文中の位置に立つ語形（または機能）をもち、また、判定作用の主が必ずしも話し手ではない、といった性格をもつ。これらを、二次的叙法、ある

いは疑似叙法 quasi-modality とよんでおく。先の定義のうち「話し手の立場からする」という部分が間接化される点で疑似である。

(工藤 1982: 51)

　そのうえで工藤（1982: 52）は、「本稿でいう《叙法副詞》とは、以上のような疑似叙法をも含めた文の叙法性に関わりをもつ副詞である、とラフに規定しておく」として、副詞の中に叙法副詞というカテゴリーを立てている。
　工藤（1982）の叙法副詞は、分類基準が恣意的で検討の余地が残されている。しかし、以下に引用するように、同じ「蓋然性」と呼ばれるものの中に異なる2つの種類があることを指摘している点で重要な研究である。

　　この表を見れば、推量的な副詞群は、四つにひとまず分けられよう。かりに名まえもつけておけば、
　　① 確信　：きっと　かならず　ぜったい（に）
　　② 推測　：おそらく　たぶん　さぞ　おおかた　etc.
　　③ 推定　：どうやら　どうも　よほど
　　④ 不確定：あるいは　もしかすれば　ひょっとしたら　etc.
　　しかし、四つに区分しうるということ以上に、ここで重視したいのは、この四種の相互関係、いわゆる連続的な関係である。連続は二つの――とはいっても根は同じ、二つの面で言える。
　　ひとつは、対象面から言えば事態実現の確実さ（蓋然性）が、作用面から言えば話し手の確信の度合いが、①から④の方向で低くなっていくことである。

(工藤 1982: 65)

　工藤（1982）の指摘は蓋然性を表す副詞の研究にとって貴重な提言をしており、事態の蓋然性と判断の蓋然性とを分けて考える本書の立場にも影響を与えている。しかし、次の点において重要な違いがある。たとえば、「明日はキット雨だろう」は話し手の高い確信を表しており、その場合実際に雨の降る確率も高いであろう。その意味で、対象面から見た確実さと作用面から

見た確信度は関連している[25]。しかし、この表現はあくまで話し手の心中の確信の高さを述べたものであり、現実世界における事態実現の確実さとは別次元のものである。これに対し、「この地方は雨が降ればカナラズ土砂降りになる」は話し手の存在とは独立した客観的事実を表す。この場合、事態実現の確実さが話し手の確信につながるとしても、「カナラズ」自体が話し手の確信の高さを表すわけではない。本書では対象面の確実さを表す副詞と作用面の確信度を表す副詞を分けて考える。（そのうえで両者の連続を認める。）

6.2.4　森本（1994）の研究

森本（1994）は次の意味条件をみたす副詞をSSA副詞（a speaker's subjective attitude）と定義した。

> 話し手が自分の言うことに対し、主観的／心理的態度を表現するものであって、文の主語として表される行為作用主体の主観的／心理的態度を表現するものではない。
> 　　　　　　　　　　　　　　　　　　　　　　　　（森本1994: 26）

そのうえで各SSA副詞が平叙文に使えるか、過去平叙文に使えるか、ダロウ構文に使えるか、ラシイ構文に使えるか、ウ／ヨウ構文に使えるかなどの共起関係テストを行ない、以下のように下位分類した。

【グループA［＋平叙文］】
　　グループA1［－過去平叙文］
　　　　A11［＋だろう］　たぶん、おそらく、さぞ、まさか、きっと、かならず、ぜったい、ひょっとしたら
　　　　A12［＋だろう］　どうせ、しょせん
　　　　A13［－だろう］　どうも、どうやら
　　グループA2［＋過去平叙文］
　　　　A21［＋だろう］　やはり、けっきょく、とうぜん

A22 ［－だろう］　さいわい（に（も））、あいにく、うんよく、寛容にも
A23 ［－だろう］　たしかに、たしか、あきらかに、もちろん、じつは、事実
A24 ［－だろう］　しょうじき

【グループ B ［－平叙文］】
B1 ［－意向文］　どうぞ、どうか
B2 ［＋意向文］　ぜひ

　森本（1994）は、いわゆるモダリティ副詞を共起関係テストという客観的な基準で分類しようとした点で重要な研究である。また、工藤（1982）などの研究を進め、各副詞の意味の違いに踏み込んだ点で価値ある研究である。しかし、次の点において問題が残されている。
　第1に分類基準の適用順が恣意的である。森本（1994）はこれらの副詞をまず平叙文に使えるかどうかで分け、次に過去文に使えるかどうかで分けるといったような順で分けているが、なぜこの順序を取るのか明確でない。たとえば、森本（1994）の分類では A22 と A23 が近い関係にある。しかし、A22 は「運」や「価値判断」を表し、A23 は「真理性」や「確実性」を表すというように[26]、両者は意味的にかなり異なっている。蓋然性を表すという意味的な近さからいえば、A23 はむしろ A11 と近い関係にある。分類基準の適用順が違えば、A23 と A11 は近い位置に収まっていた可能性もある。
　第2に分類基準の立て方が恣意的である。たとえば、A13 が A11 から区別される理由は、ダロウ構文との共起が不自然で、ラシイ構文と共起しやすいためである。しかしそれならば、A11 の「ヒョットシタラ」はダロウ構文よりカモシレナイ構文と共起しやすいため、A11 から独立させてもよさそうなはずである。また、森本（1994）は共起関係テストに加え、意味的な違いも重視して A22〜A24 を分けている。しかし、A23 で「事実確認」を表す「タシカニ」と「文の内容の真理値についての意見」を表す「ジツハ」が同居しているように[27]、意味的に異質なものが同居している場合もある。

(「タシカニ」には「タシカニ、おっしゃるとおりです」のように相手の発話を受ける機能があるが、「ジツハ」にはこのような機能がない。)

第3に「蓋然性」の定義において不十分な部分が見られる。森本（1994）は「ゼッタイニ」、「キット」、「タブン」、「モシカスルト」などについて、「蓋然性の程度」（本書の「事態の蓋然性」）ではなく、「話し手の信念の程度」（本書の「判断の蓋然性」）を表すと考えるべきであることを示唆している。

> これらの副詞は、かれらの真実についての信念の程度をあらわすのである。こうして、「蓋然性の程度」は「話し手の信念の程度」に読み替えることができる。筆者の直観では、この、後の解釈の方が、日本語の副詞についてより現実に即した解釈のように思われる。
>
> （森本 1994: 65）

しかし、せっかくこのように論じているにもかかわらず、実際の分析では一律に蓋然性が高いか低いかという議論に終わっている。本書では森本（1994）のいう「蓋然性の程度」と「話し手の信念の程度」を明確に区別することによって、さらに分析を進めていきたい。

7　第1章のまとめ

本章では蓋然性を表す副詞の分析を行なう前提として、いわゆる蓋然性には「事態の蓋然性」と「判断の蓋然性」に区別して考えるべきことを主張した。そのうえでこれと関連する「命題」と「モダリティ」、「認識」と「推論」、「事態確定性」と「認識確定性」、「演繹推論」と「帰納推論」について概念規定を行なった。また、副詞と文末のモダリティ形式は関連しながらも独立した意味を担うものとして捉えるべきであることを主張した。

以下、第2章では文末のモダリティ形式「ダ／φ」、「カモシレナイ」、「ニチガイナイ」、「ヨウダ」、「ラシイ」、「ダロウ」の意味の違いについて分析する。これにより「認識」や「推論」の意味は副詞ではなく文末のモダリティ

形式に帰せられるものであることを見る。次に第3章では「キット」と「カナラズ」の主観性について分析し、「キット」はモダリティ副詞に属するが、「カナラズ」は命題副詞に属することを指摘する。続いて第4章では「キット」、「タブン」、「オソラク」、第5章では「サゾ」、第6章では「モシカスルト」、第7章では「ドウモ」、「ドウヤラ」、第8章では「タシカ」、第9章では「マサカ」の意味の違いについて論じ、第10章で本書のまとめを行なう。

注

1 「φ」は無形のモダリティ形式を表す。「ダ」と「φ」は交替形の関係にあり、名詞（雨 – ダ）や形容動詞型活用の語（静か – ダ）には「ダ」がつき、動詞型活用の語（降る – φ）や形容詞型活用の語（うれしい – φ）には「φ」がつく。

2 小林（1980）、工藤（1982）、石神（1987）などは副詞が様々な文末形式と共起する点に注目している。

3 ここでいう「事態」には「状態」(state)、「過程」(process)、「行為」(action) が含まれる。

4 仁田（1989、1991）の「言表事態めあてのモダリティ」と「発話・伝達のモダリティ」、益岡（1991）の「判断系のモダリティ」と「表現系のモダリティ」にほぼ相当する。また、芳賀（1954）は陳述を①第一種の陳述（述定的陳述）：客体的に表現された事柄の内容についての、話し手の態度（断定・推量・疑い・決意・感動・詠嘆など）と、②第二種の陳述（伝達的陳述）：事柄の内容や、話し手の態度を、聞き手（時には話し手自身）に向かってもちかけ、伝達する言語表示（告知・反応を求める・誘い・命令・呼びかけ・応答など）の2種に分類している。

5 この点で本書はモダリティにも主観的なものと客観的なものとがあるとする益岡（1987、1991）や仁田（1991）とは異なる。

6 否定テスト、疑問テストは Greenbaum（1969）、澤田（1978）による。

7 田野村（1990）は、「推量判断実践文」について「この文の話者はいままさに判断—この場合、推量的判断—をくだした、もしくは、くだしつつあるといえる（p.785）」と説明し、「知識表明文」については「話者が知識としてもっている情報が表明されているにすぎない。発話の時点において判断が下されるわけではない（p.786）」と説明している。

8 宮崎（1991、1992）は、判断系のモダリティを「事態把握（認識）」と「判断成立（判断）」の階層として捉えている。ただし、認識を「φ」（確定）と「ダロウ」（推量）の対立とし、判断を「ニチガイナイ、カモシレナイ」等（断定）と「カ、カナ等」（疑い）の対立としているなどの点において本書とは異なる。

9　一般の国語辞典にもこの2つの用法が記述されている。
　　　がいぜん－せい【△蓋然性】あることが起こる確実性の度合い。知識・判断などの確からしさの程度。公算。プロバビリティー。（『旺文社国語辞典［第八版］』）
　　　【がいぜん－せい　▼蓋然性】何かが起こり得る確実性の度合い。また、判断などが、多分そうだろうという可能性の程度。確からしさ。（『現代国語例解辞典[第二版]』）
10　本書でいう「事態確定性」は三原（1995）の「事実確定性」に相当する。「事態」と「判断」を対立的に考える本書の立場に従って用語を改めた。（杉村1999、2004参照）
11　この点に関して、森山（1989）は「「かもしれない」と判断されるということ自体は、話し手において確定的な情報である。それゆえ、情報は話し手のものである。ただ、話し手の情報でありながら、そこで述べられる命題情報が、事実とは判断されていないというに過ぎない。その意味で、不確定と区別して、不確実ということが適当である。それで、蓋然性判断の形式を伴う文の意味は、話し手において不確実な内容を、文の意味としては確定的に述べる意味だとも言える（p.79）」としている。森山（1989）はこの性質を狭義蓋然性判断の諸形式（カモシレナイ、ニチガイナイ、ヨウダ、ミタイダ、ラシイ、ソウダ、ハズダ）すべてに当てはまるとしている。
　　一方、大鹿（1992）は、「カモシレナイ」と「ニチガイナイ」に対象的な意味と作用的意味の2つがあることを認め、「カモシレナイ」は対象的意味が「可能性」、作用的意味が「可能性認識」であり、「ニチガイナイ」は対象的意味が「確実性」、作用的意味が「確実性認識」であるとしている。
12　「ダロウ」に関する研究は多いが、その機能はいまだ明確にはなっていない。宮崎（1991）は「〈推量〉のダロウの不確かさは、判断の成立についての不確かさではなく、認識のあり方における不確かさであると考えられる（p.38）」とし、森山（1992）は「ダロウは、結論にまだ至っていない—判断を形成する過程にあること—を表示する（p.73）」としている。大鹿（1992）は「いうまでもないことだが、そこでは真偽の判断が行われているわけではない。むしろ推量はある事態を思い描く作用であると言ってもよい（p.129）」とし、大鹿（1993）は「「……だろう」という文は事実を推量しており、従って「……」の部分は事実として想定された事態である（p.103）」と述べ、「ダロウ」は確実なこととして承認する断定と対立し、不確実なこととして承認するとしている。三宅（1995）は「「推量」：話し手の想像の中で命題を真であると認識する（p.2）」としている。
13　(18c)は次の表現の婉曲用法であると考えられる。次の表現がニンジンや玉ネギを買うことをはっきり認識しているのに対し、(18c)は確証を避けた表現を使うことによって、ニンジンや玉ネギを買うことを今現在認識中であることを表している。
　　（i）　ニンジンに、玉ネギに、あと何を買うんだっけ？
14　木下（1999）の用語では「帰納推論」は「蓋然性推論」となっている。本書では「演繹推論」と対になるように「帰納推論」と呼ぶ。
15　木下（1999）は「知識（pならばq）」について、「pであればqというように事態は存在、生起するという、事態のあり方（存在や生起の仕方）についての認識の型（p.44）」

であると説明し、次の例を挙げている。
①原因と結果　「無理な運転をする→事故が起きる」
②一般と特殊　「女の子は甘い物が好きだ→知子も花子も甘い物が好きだ」
③モノと属性　「（ある物は）お父さんのシャツである→（それは）大きい」

16　山田（1936）は用言に属性観念と陳述の2つの機能を認めている。しかし、陳述は用言自体の機能ではなくその外側にあるモダリティ部分の機能である。三浦（1975）にも「〈陳述副詞〉は〈用言〉に結びつくのではない。〈用言〉は純粋に属性概念を表現するだけで、二種の内容をかねそなえているわけではないからである。〈陳述副詞〉は〈用言〉に伴う零記号の判断辞や〈助動詞〉に結びつくのである（p.241）」との指摘がある。

17　案野（1996: 91）にも同様の指摘がある。

18　糸川（1989）は「確かに頻度の上では、陳述副詞には、「呼応」といいたいような傾向が観察されるようではある（p.105）」としたうえで、「一対一対応ともいえないうえは、型としてとらえることにあまり意義が認められないように思われる（p.105）」と述べている。糸川（1989）のいうとおり、陳述副詞と呼応相手を固定した関係のように捉えるのは問題である。ただし、厳密な一対一対応でなくとも、特定の表現との対応関係が見られることも事実である。本書ではこのような現象のことを「共起」と呼ぶことにする。

19　渡辺（1957）ではそれぞれ「程度副詞」、「陳述副詞」と呼んでいる。

20　北原（1975）にこの点に関する言及がある。

21　中右（1980）は、接続副詞をモダリティの文副詞に含める研究もあるが、中右自身の枠組みでは副詞ではなく接続詞と考えるとしている。

22　仁田（1989、1991）はそれぞれ「真性モダリティ」、「疑似モダリティ」と呼んでいる。

23　その他、「ドウモ〜ラシイ・ヨウダ」（真偽判断のモダリティ）、「ムカシ・カツテ・モウスグ〜タ」（テンスのモダリティ）、「ゼヒ〜テクダサイ」、「イッタイ〜カ」（表現類型のモダリティ）、「ケッシテ・カナラズシモ〜ナイ」（みとめ方のモダリティ）なども同様の依存関係にあるとしている。

24　益岡（1991）の例文（18）、（19）は次のとおりである。
　　（18）　典ちゃんの勘は、たぶん当たっているだろうね。（宮本輝『花の降る午後』）
　　（19）　一人ぼっちで二十歳の誕生日を過すというのはきっと辛いものだろう。（村上春樹『ノルウェイの森』）

25　「対象面」と「作用面」は本書でいう「事態」と「判断」に相当する。

26　「運」、「価値判断」、「真理性」、「確実性」という用語は森本（1994: 58）による。

27　「事実確認」という用語は森本（1994: 110）、「文の内容の真理値についての意見」という言い方は森本（1994: 114）による。

第 2 章　真偽判断を表す文末のモダリティ形式

1　はじめに

第2章では文末のモダリティ形式「ダ／φ」、「カモシレナイ」、「ニチガイナイ」、「ヨウダ」、「ラシイ」、「ダロウ」の意味の違いについて分析する。(1)の各表現は「明日は雨が降る」という事態の成立可能性について述べたものである。このうち、「φ」は明日雨が降るのが確実であることを表し、他は明日雨が降らない可能性もあることを表している。前者のような表現を「確言」といい、後者のような表現を「概言」という[1]。両者は(2)に示すように、「確言」は矛盾対立する複数の命題の成立を許さないのに対し、「概言」は矛盾対立する複数の命題の成立可能性を許すという点で違いがある。

(1)　　明日は雨が降る {<u>φ</u>／<u>カモシレナイ</u>／<u>ニチガイナイ</u>／<u>ヨウダ</u>／<u>ラシイ</u>／<u>ダロウ</u>}。

(2) a. *明日は雨が降る<u>φ</u>。しかし、晴れる可能性もある。
  b. 明日は雨が降る {<u>カモシレナイ</u>／<u>ニチガイナイ</u>／<u>ヨウダ</u>／<u>ラシイ</u>／<u>ダロウ</u>}。しかし、晴れる可能性もある。

以下、第2章ではまず2節で「ヨウダ」(比況)[2]、「ソウダ」(様態)[3]、「ベキダ」(当為)[4]、「ツモリダ」(意志)を取り上げ、これらは「-ダ」の部分のみモダリティ成分であり、「ヨウ／ソウ／ベキ／ツモリ」の部分は命題成分であることを主張する。次に3節では「ダ／φ」、「カモシレナイ」、「ニチガ

イナイ」の主観性の違いについて論じ、4節では「ニチガイナイ」、「ヨウダ」、「ラシイ」の推論の違いについて論じ、5節では「ダロウ」と「デアロウ」の違いについて論じ、最後に6節で本章のまとめを行なう。

2 「ヨウ／ソウ／ベキ／ツモリ」と「‒ダ」の関係

はじめに本章で分析する文末のモダリティ形式と「ヨウダ」(比況)、「ソウダ」[5]、「ベキダ」、「ツモリダ」の違いについて論じておく。両者の違いは前者が否定や疑問の焦点とならないのに対し、後者は否定や疑問の焦点となる点にある。

(3) 否定テスト
  a. *あの人は［アメリカに行くニチガイナイ］ではありません。
  b. *あの人は［アメリカに行くヨウ］ではありません。
  c. 　あの人の英語は［アメリカ人のヨウ］ではありません。
  d. 　あの人は［アメリカに行きソウ］ではありません。
  e. 　あの人は［アメリカに行くベキ］ではありません。
  f. 　あの人は［アメリカに行くツモリ］ではありません。

(4) 疑問テスト
  a. *あの人は［アメリカに行くニチガイナイ］ですか。
  b. *あの人は［アメリカに行くヨウ］ですか。
  c. 　あの人の英語は［アメリカ人のヨウ］ですか。
  d. 　あの人は［アメリカに行きソウ］ですか。
  e. 　あの人は［アメリカに行くベキ］ですか。
  f. 　あの人は［アメリカに行くツモリ］ですか。

したがって、「ニチガイナイ」や「ヨウダ」(推量)はモダリティ成分であるが、「ヨウダ」(比況)、「ソウダ」、「ベキダ」、「ツモリダ」は命題成分であ

ると考えられる。ただし、正確にいえば後者で命題成分となるのは「ヨウ／ソウ／ベキ／ツモリ」の部分である。これらの部分は連体修飾節に入ることからも、客観的な成分であることが分かる[6]。

（5）連体修飾節
  a. ?［アメリカに行くニチガイナイ］人（は誰ですか。）
  b. *［アメリカに行くヨウナ］人（は誰ですか。）
  c. ［アメリカ人のヨウナ］人（は誰ですか。）
  d. ［アメリカに行きソウナ］人（は誰ですか。）
  e. ［アメリカに行くベキ］人（は誰ですか。）
  f. ［アメリカに行くツモリノ］人（は誰ですか。）

そのため、「ヨウ／ソウ／ベキ／ツモリ」だけでは文を作ることができず、「〜のヨウ−ラシイ」、「〜しソウ−ダ」、「〜するベキ−カモシレナイ」、「〜するツモリ−ニチガイナイ」のように後にモダリティ成分を伴って文を完成させる。「ヨウダ／ソウダ／ベキダ／ツモリダ」の「−ダ」は、こうしたモダリティ形式のうちの「確言」を表す「ダ」であると考えられる。

           （詳しくは杉村2000b、2001a、2001c参照）

3　「ダ／φ」、「カモシレナイ」、「ニチガイナイ」の関係

本節では「ダ／φ」、「カモシレナイ」、「ニチガイナイ」の関係について論じる。仁田（1991）や益岡（1991）をはじめ「カモシレナイ」は「ニチガイナイ」と対にして議論されることが多い。しかし、本書では「カモシレナイ」と対になる表現は「ダ／φ」であることを主張する。 （杉村2001b参照）

3.1　「カモシレナイ」と「ニチガイナイ」の異質性

一般に「カモシレナイ」は蓋然性の低いことを表し、「ニチガイナイ」は蓋然性の高いことを表すと説明されている（仁田1991、野田1984、森山

1989、1992、益岡 1991、宮崎 1991、1992、中畠 1993、森本 1994、劉 1996、安達 1997 など)。この説に従うと、(6a) は明日死ぬ可能性が低いことを表し、(6b) は明日死ぬ可能性が高いことを表すことになる。

(6) a.　この人は明日死ぬカモシレナイ。
　　 b.　この人は明日死ぬニチガイナイ。

しかし、もし「カモシレナイ」と「ニチガイナイ」が蓋然性の高さのみによって対立しているならば、(7a) よりも蓋然性の高いことを (7b) のようにいうことができるはずである。しかし、(7b) が不自然なことから、両者は単なる蓋然性の違いによって対立しているわけではないことが分かる。

(7) a.　この人は明日死ぬカモシレナイのになお創作意欲がある。
　　 b. ＊この人は明日死ぬニチガイナイのになお創作意欲がある。

これに関し、木下 (1999) は「カモシレナイ」と「ニチガイナイ」の違いは可能性の分散の有無にあると考えた。

　　カモシレナイ：「推論」の帰結の中に、唯一際立って「可能性」が高い(低い)ものがない(「可能性」が分散している)
　　ニチガイナイ：「推論」の帰結の中に、唯一際立って「可能性」が高いものがある

木下 (1999) はその根拠として、矛盾対立する複数の事態の成立可能性がともに高い場合、「ニチガイナイ」は使えないことを指摘している。

(8) a.　容疑者はまだ絞り込めていない。アリバイのない A 氏の犯行である可能性も高いし、強い犯行動機を持つ B 氏がやった可能性も高い。
　　　　　　　　　　　　　　　　　　　　　　　　　　　(木下 1999)

b. ＊容疑者はまだ絞り込めていない。アリバイのないＡ氏の犯行であるニチガイナイし、強い犯行動機を持つＢ氏がやったニチガイナイ。
（木下1999）

一方、「カモシレナイ」なら矛盾対立する複数の事態の成立可能性を同時に述べることができる。

（９）　容疑者はまだ絞り込めていない。アリバイのないＡ氏の犯行であるカモシレナイし、強い犯行動機を持つＢ氏がやったカモシレナイ。

以上のことから「カモシレナイ」と「ニチガイナイ」の違いを蓋然性の高さではなく、可能性の分散の有無に求める木下説のほうが優れていると考えられる。しかし、「カモシレナイ」と「ニチガイナイ」がともに推論の帰結を表すと考えるのは問題である。なぜならば、(10)のように推論の帰結を表す文（推量文）では両方とも使えるが、(11)のように一般的事実を述べる文（知識表明文）では「カモシレナイ」しか使えないためである。

（10）　（宝くじが当たるかどうか推論する場面）
　　a.　宝くじは当たらないカモシレナイ。
　　b.　宝くじは当たらないニチガイナイ。
（11）　一般に宝くじというものは当たるものですか。
　　a.　――宝くじというものは当たるカモシレナイし、当たらないカモシレナイものだ。
　　b.　＊――宝くじというものは当たらないニチガイナイものだ。

このように、木下説も「カモシレナイ」と「ニチガイナイ」を質的に同じものとして捉えている点においては一般説と変わりがない。しかし、上の事実からも明らかなように、両者は単なる「量的」な違いではなく、推論過程を経るかどうかといった「質的」な違いとして捉える必要がある[7]。

3.2 使われる文の違い

両者の違いは「ニチガイナイ」が基本的に推量文にしか使われないのに対し、「カモシレナイ」は様々な文に使われることから分かる。

(12) 推量文
 a. 明日は雨が降るカモシレナイ。
 b. 明日は雨が降るニチガイナイ。

(13) 知識表明文
 a. 生まれる子は男の子カモシレナイし、女の子カモシレナイ。
 b. #生まれる子は男の子ニチガイナイ。（推量の解釈になる）

(14) 連体修飾成分
 a. 雨が降るカモシレナイ空模様だ。
 b. ?雨が降るニチガイナイ空模様だ。

(15) 確認の文（対話文）
 a. 明日は雨が降るカモシレナイだろ？（今日のうちにやろうよ）
 b. *明日は雨が降るニチガイナイだろ？（今日のうちにやろうよ）

(16) 譲歩の文
 a. 私は子供のころ家に引きこもっていた。たまには外に出たカモシレナイが、基本的に家の中にいた。
 b. *私は子供のころ家に引きこもっていた。たまには外に出たニチガイナイが、基本的に家の中にいた。

(17) 伝聞文
 a. 明日は雨が降るカモシレナイそうだ。
 b. ?明日は雨が降るニチガイナイそうだ。

(18) 「ベキダ」との共起
 a. たまには外に出るべきカモシレナイ。
 b. *たまには外に出るべきニチガイナイ。

3.2.1 推量文と知識表明文

上の(12)、(13)に示すように、「ニチガイナイ」が推量文にしか使えないのに対し、「カモシレナイ」は推量文にも知識表明文にも使える。次の(19a)はたしかに発話時点において当該の事態の成立を推論している。しかし、(19b)は複数の事態の成立可能性がともにあるという事実を述べているにすぎず、発話時点において推論しているわけではない。このことから、(19a)も「カモシレナイ」自体は複数の事態の成立可能性が共存することを述べているにすぎないと考えられる。

(19) a. 今日、彼家に泊っていくかしら。
　　　——そうね、泊まる*カモシレナイ*し、泊まらない*カモシレナイ*わね。(推量文)
　　b. 今日の予定はどうなってるの。
　　　——泊まる*カモシレナイ*し、泊まらない*カモシレナイ*。その時の都合ということになってるの。

同様に、(20)、(21)も発話時点において推論的判断を下したものではなく、一般的真理として複数の事態の成立可能性が同時に存在することを述べているにすぎない。

(20) 経路全体を考えれば、複雑さはさらに広がる。電子は、たとえばAから出発してまっすぐにOまで来たの*かもしれない*し、ぐるっとまわり道をしてOにたどりついたの*かもしれない*。これらすべての可能性を加えてはじめて、現在電子がOにある状態の共存度が計算できるのである。　　　　　(和田純夫『量子力学が語る世界像』)

(21) 生まれる子は男か女のどちらかである。男の子*カモシレナイ*し、女の子*カモシレナイ*。昔から決まっていることである。

複数の事態の成立可能性が共存すること自体は、話し手の存在とは独立し

た客体世界の出来事である。そこで本書では、「カモシレナイ」を「カモシレナイ$_P$ – ϕ_M」のように分解し、命題を表す「カモシレナイ$_P$」の部分とモダリティを表す「– ϕ_M」の部分とに分けて考える。このように考えると、「カモシレナイ」は終止形の場合には「– ϕ_M」がついてモダリティの機能を果たし、連体形の場合には「– ϕ_M」がつかずに命題として機能すると説明することができる。

(22) あの人はもう来ないカモシレナイ$_P$ – ϕ_M。
(23) 来ないカモシレナイ$_P$ 人を待つ。

3.2.2 連体修飾成分

三原 (1995) は「カモシレナイ」と「ニチガイナイ」の連体修飾について次のように記述している。

> カモシレナイとニチガイナイは共に連体修飾節中に生起可能なようである。
> (6) a. 犯人が立ち寄るかもしれない店
>   b. 倒産するかもしれない会社
> (7) a. 犯人が立ち寄るに違いない店
>   b. 倒産するに違いない会社
> ただし (7a, b) については、文法的観点から言えば適格であるかもしれないが、文体的には完全であるとは言いにくい。注意深く推敲しながら文章を書く場合、例えば「きっと犯人が立ち寄ると思われる店」などのようにするのではないかと思われるからである。　　（三原 1995: 288）

三原 (1995) の指摘は本書の日本語の直観とも合う。たとえば、(24a) は「カモシレナイ」が自然に連体修飾している。しかし、(24b) は「雨が降るニチガイナイと思われる空模様だ」の「と思われる」が省略された表現としてなら解釈できるが、そうでなければ不自然である。(25a) と (25b) も同様であ

る。森山(1989)や益岡(1991)は「ニチガイナイ」が連体修飾成分になる例を挙げているが[8]、それは「～ニチガイナイと思われる＋名詞」の「と思われる」が省略されたものであると考えられる。

(24) a.　雨が降る<u>カモシレナイ</u>空模様だ。
　　 b.　?雨が降る<u>ニチガイナイ</u>空模様だ。
(25) a.　飲めば死ぬ<u>カモシレナイ</u>薬
　　 b.　*飲めば死ぬ<u>ニチガイナイ</u>薬

　実際、実例を見ても「カモシレナイ」は自然に連体修飾節に入ることが分かる。これは「ダ／φ」が「無罪<u>の</u>人」、「致命的な欠陥にな<u>る</u>弱点」のように連体修飾するのと同じである[9]。

(26)　「そう。だって……無罪<u>かもしれない人</u>に、会社を辞めろと言うのはおかしいと思うの。世間の人も、容疑者というだけでその人を犯人扱いするわ。たとえ無罪になっても……」(赤川次郎『女社長に乾杯！』)
(27)　しかし、内藤はリングの上で獣になることのできないタイプのボクサーだった。それはボクサーとして致命的な欠陥になる<u>かもしれない弱点</u>だった。　　　　　　　　　　　（沢木耕太郎『一瞬の夏』）

3.2.3　対話文と独話文

寺村(1984)は「カモシレナイ」が対話文でも独話文でも普通に使えるのに対し、「ニチガイナイ」は独白的に使われるのが普通であると述べている。寺村(1984)はこれ以上説明していないが、これは「ニチガイナイ」の意味を特徴付ける重要な指摘であると思われる。

　　ニチガイナイは、ふつう確信の度合いが、ダロウやカモシレナイより強いと説明され、それはまちがいではないが、ニチガイナイの特徴は、自分の思案、推量を自分に確かめるような、独白的な使い方がふつうで

あるところにある。誰かの質問に答える文では使われない。
 （32） 課長ハ今日来ラレマスカ？
   —— ハイ、来マス
   —— ?ハイ、来ルデショウ
   —— 来ルカモシレマセンガ、来ナイカモシレマセン
   —— *ハイ、来ルニチガイアリマセン
   —— *イヤ、来ナイニチガイアリマセン
（寺村 1984: 235–236）

一方、三宅(1993)、森山(1995)、木下(1999)は、「ニチガイナイ」は対話文にも使われるとしている。三宅(1993)は「ニチガイナイ」は医師の診断や天気予報など、聞き手に求められている情報をある種の責任をもって伝えるような文脈においては用いることができないが、そうでなければ用いることができるとしている[10]。

 話し手の確信（思い込み）を述べることが不適切であると見なされる文脈においては、ニチガイナイを用いることはまさに不適切であると言える。そのような文脈でなければ、対話であってもニチガイナイの生起は可能である。
（三宅 1993: 40）

また、森山(1995)は「ニチガイナイ」には「未知推測」としての意味と「排他的ニュアンス」の意味があるとして、次のように論じている。

 単なる「独白」という性質だけで説明することはできない。むしろ、ニチガイナイの未知推測としての意味と排他的ニュアンスという意味から説明する方が妥当だと思われる。すなわち、質問文の純然たる情報要求に対して、ニチガイナイを使う返答は、未知内容であることを認めた上で、内容を排他的ニュアンスで主張するということになる。これが運用論的に妥当ではないのである。
（森山 1995: 181）

そのうえで、医師が風邪の診断を下す場面で「ニチガイナイ」が使えない理由を次のように説明している。

　排他的に強く主張はするが本来未知であるというぎりぎりの判断の内容が、「風邪」という簡単な診断だからである。しかし、診断という状況でニチガイナイが不適切だというわけではない。同じ「診断」でも重大な病気で診断が難しい場合には、
(45)　今までいろいろ検査をしましたが、この病気は肺繊維症にちがいありません。
のように適切になる。　　　　　　　　　　　　　　　　（森山 1995: 181）

さらに、木下(1999)は「ニチガイナイ」と「カモシレナイ」の違いについて、可能性の分布の違いによる説明を試みている。

　ニチガイナイの場合、命題の「可能性」が唯一際立って高いことを表わし、命題の成立をある程度保証する一方で、その帰結に至るための根拠は明示できないものであってもよいことによると考えられる。なぜその帰結に達したのか話者自身よくわからない部分がありながら、その成立をある程度保証するということは、責任ある態度が求められる場面では不適切なのである。
　一方、カモシレナイの命題は唯一際立って「可能性」が高いことを表わすものではないのだから、特定の命題の成立を保証することは表わさない。発言に責任を持つことを求められる場面であっても、責任を持つことができなければ仕方がない。カモシレナイも、ニチガイナイと同じくその根拠は非明示的であってもよいが、特定の命題の成立を保証せず、責任を持てないと述べているのであるから、根拠が非明示的であってもなくても、そのことは問題とならないのである。
　　　　　　　　　　　　　　　　　　　　　　　（木下 1999: 92–93）

以上のように、三宅（1993）、森山（1995）、木下（1999）は、「ニチガイナイ」が対話文で使えないのは発言に責任を要する場面においてであると主張している。しかし、(28)は話し手の発言に責任が求められていないにもかかわらず、「ニチガイナイ」を使うと不自然になる。

(28)　ライオンとトラはどちらが強いと思いますか。
　　　a.　――ライオン<u>です</u>。
　　　b.　――ライオン<u>カモシレナイ</u>し、トラ<u>カモシレマセン</u>。
　　　c.　?――ライオン<u>ニチガイアリマセン</u>。
　　　d.　――ライオン<u>ニキマッテイマス</u>。

　一方、本書では「ニチガイナイ」は基本的に独話文で使われると考える。「ニチガイナイ」が対話文で使われるのは、①「に＋違い＋ない」の意味で使われる場合、②書き言葉的な場合、③独白的に使われる場合である。

①「に＋違い＋ない」の意味で使われる場合
　次の文は一見対話文に「ニチガイナイ」が使われているように見える。しかし、これは「に＋違い＋ない」（＝に間違いない）の意味であり、名詞としての「違い」の意味が働いている命題表現である。

(29)　これネコの子みたいだけど本当にライオンなの？
　　　　――はい、ライオン<u>ニチガイアリマセン</u>。

　その証拠に、この「ニチガイナイ」は「ライオンニ違い<u>は</u>ありません」のように間に助詞の「は」を入れても成り立つし[11]、「ライオンに間違いありません」のように「に間違いない」で置き換えることも可能である。これがもしモダリティの「ニチガイナイ」なら、「*きっと明日は雨が降るニチガイ<u>は</u>ナイ」、「*きっと明日は雨が降るに間違いない」のように非文となる。
　同様に、先の森山（1995）の「今までいろいろ検査をしましたが、この病

気は肺繊維症にちがいありません」も、「この病気は肺繊維症に間違いありません」の意味で解釈されるため、命題の「に＋違い＋ない」であると考えられる。この文は瞬間的現在時における話し手の推論を表したものではなく、検査の結果すでにこの病気が肺繊維症であると断定したことを「間違いない」と述べた表現である。もしこれが発話時点での推論を述べる表現であるとすれば、「この病気は肺繊維症ではないかと思われます」のようにいうのが自然である。また、森山（1995）はモダリティの「ニチガイナイ」の例として（30）を挙げているが、これも「犯人は私に間違いありません」の意味で使われており、命題の「に＋違い＋ない」であると分析される。

(30)　（自首して）はい、おっしゃる通り、犯人は私にちがいありません。
　　　　　　　　　　　　　　　　　　　　　　　　　　　　　（森山 1995）

　ところで、三宅（1993）は「多少、文章語的なニュアンスのあるニチガイナイに対して、ニチガイナイとほぼ同義であるが文章語的なニュアンスのないニキマッテイルであれば、より自然に対話においても生起する(p.39)」と述べている。しかし、「ニキマッテイル」が否定の焦点になるのに対し、「ニチガイナイ」は否定の焦点にならない。

(31) a.　ライオンニキマッテはイナイ。
　　 b.　*ライオンニチガイナクはナイ。

　したがって、「ニキマッテイル」は「に＋決まっている」という命題表現であると考えられる。命題である「ニキマッテイル」が対話文に使えるからといって、モダリティの「ニチガイナイ」が対話文に使える証明にはならない。三宅（1993）の直観のとおり、「ニチガイナイ」を対話文で使うのは不自然であると思われる。

②書き言葉的に使われる場合

三宅(1993)は「ニチガイナイ」が対話文に使われる例として、次の2つの例を挙げている。しかし、三宅(1993)自身もこのような表現は文章語的なニュアンスがあると認めているように、実際の会話では「一番大笑いしているだろうね」、「きっと前部に乗っていたんですよ」のようにいうのが自然であると思われる。

(32)　「石田部長も笑っている一人ですか」三原が言った。「一番大笑いしているに違いないね。」　　　　　　　　　（三宅1993：松本清張『点と線』）
(33)　「なるほど。それであなたはその男女を電車の中で見たのですか？」「いや、電車の中ではないのです。その時の電車は二両連結で、私は後部に乗っていました。乗客は少なかったですから、後部にいれば目についたわけです。きっと前部に乗っていたに違いありません」
　　　　　　　　　　　　　　　　（三宅1993：松本清張『点と線』）

③対話文であっても独白的に使われる場合
　次の文は銀行ギャングと思わしき人物に問いかけた例である。これが自然な文として判断されるのは、次の2つの場合である。

(34)　「あのマスクを持ってたこととこの探偵を殺そうとしたんだから…銀行ギャングに違いないなっ　えっ？　そうだなっ」
　　　　　　　　　　　　　　　　　　　　　（手塚治虫『鉄腕アトム⑬』）

　1つは「ニチガイナイ」が「に＋違い＋ない」の意味で解釈される場合である。この場合、「銀行ギャングに間違いないな！」のように言い換えることができる。もう1つは独白的に発せられたと解釈される場合である。実際には聞き手がいても、話し手の気分としては半ば独り言のようにいう場合である。次の例も同様である。

(35)　いわれのない非難を浴びているわたしに向かって、妻がうれしそうに

いった。
　「ピアノなんか下手だ下手だといっておいてあれだけの腕前なんだから奥様もさぞ美人だろうな、と皆思っているに違いないわ」
　　　　　　　　　　　　　　　（土屋賢二『ソクラテスの口説き方』）

　以上のように、小説、演劇、テレビドラマ[12]、演説、ニュース、アナウンサーの言葉など、書き言葉や独白的な話し方をする場合を除き、対話文で「ニチガイナイ」を使うのは不自然である。実際の話し言葉では「お前は銀行ギャングニチガイナイなっ！」ではなく「お前は銀行ギャングだなっ！」のように確言形でいうほうが自然であると思われる。
　なお、同じ推論を表す表現でも「ヨウダ」と「ラシイ」は対話文で自然に使うことができる。

(36)　どうやらお前は銀行ギャング{ノヨウダ／ラシイ}なっ。
　　　——よくわかったな。そのとおりだ。

3.2.4　譲歩の文
次のように「カモシレナイ」は譲歩節に使えるが、「ニチガイナイ」は譲歩節には使えないという違いがある。

(37) a.　私は子供のころ家に引きこもっていた。たまには外に出たカモシレナイが、基本的に家の中にいた。
　　 b.　*私は子供のころ家に引きこもっていた。たまには外に出たニチガイナイが、基本的に家の中にいた。

　一方、他者のことを述べる場合には、(38b)のように「ニチガイナイ」も使える。ただしこの場合、「カモシレナイ」は一般的にそういう可能性もあると事実を述べるにすぎないが、「ニチガイナイ」はそういう可能性もあるのではないかと発話時点で推論する表現になる。

(38) a. あの人は子供のころ家に引きこもっていた。たまには外に出た<u>カモシレナイ</u>が、基本的に家の中にいた。
　　 b. あの人は子供のころ家に引きこもっていた。たまには外に出た<u>ニチガイナイ</u>が、基本的に家の中にいた。

　上の(37b)で「ニチガイナイ」が使えないのは、話し手が自分の記憶にあるはずのことを推量するのがおかしいためである。

3.2.5　伝聞文

伝聞文においても「カモシレナイ」は伝聞の対象となるが、「ニチガイナイ」は伝聞の対象とはならないという違いがある。

(39) a. 雨が降る<u>カモシレナイ</u>そうだ。
　　 b. ?雨が降る<u>ニチガイナイ</u>そうだ。

　この点について、仁田(1991)は「「〜するかもしれないそうだ」に比べて、「〜するにちがいないそうだ」は容認可能性がかなり落ちるものと思われる。「〜ニチガイナイ」は、「〜カモシレナイ」に比べて第三者の心的態度の表現になることは難しい(p.61)」と述べている。仁田(1991)のいう「第三者の心的態度」は本書の命題に相当する。
　仁田(1991)や益岡(1991)をはじめ「カモシレナイ」は一般にモダリティを表すとされている。しかし、本書では「カモシレナイ」は「カモシレナイ$_P$-ϕ_M」と分解され、命題を表す「カモシレナイ$_P$」とモダリティを表す「-ϕ_M」からなると考える。そう考えると、(39a)は「雨が降るカモシレナイ$_P$-そうだ$_M$」と分析できる。一方、「ニチガイナイ」は形式全体がモダリティを表すため、伝聞の対象とはならないのである。

3.2.6　「ベキダ」との共起

さらに「カモシレナイ」が「ベキダ」と共起するのに対し、「ニチガイナイ」

は「ベキダ」と共起しないという違いがある。その理由についてはよく分からないが、このような事実のあることを指摘しておく。

(40) a. オムレツは出来たてをたべるべきだろう。　　　　　　（益岡1991）
  b. オムレツは出来たてをたべる<u>ベキカモシレナイ</u>。
  c. *オムレツは出来たてをたべる<u>ベキニチガイナイ</u>。

3.2.7　コーパスによる調査

「カモシレナイ」と「ニチガイナイ」の違いは文法性判断が微妙な場合がある。そこでインターネットのWWWページをコーパスとして、両者の共起について調査した。その結果を表2–1に示す。表2–1を見ると、「ニチガイナイ」は「カモシレナイ」に比べ、丁寧体、伝聞、「ベキダ」と共起しにくいことが分かる[13]。

表2–1　「カモシレナイ」と「ニチガイナイ」の承接[14]

検索語	ヒット数	検索語	ヒット数	出現比率
かもしれない	1,469,582	にちがいない	261,954	5.6:1
かもしれません	1,297,581	にちがいありません	33,927	38.2:1
かもしれないそうだ	236	にちがいないそうだ	4	226.5:1
かもしれないそうです	1,123	にちがいないそうです	2	
べきかもしれない	4,695	べきにちがいない	7	670.7:1

以上、3.2節では「ニチガイナイ」が基本的に推量文にしか使われないのに対し、「カモシレナイ」は様々な文に使われることを指摘した。

3.3　「カモシレナイ」と「ダ／φ」の同質性

仁田（1991）や益岡（1991）など一般に「カモシレナイ」と対をなすのは「ニチガイナイ」であるとされている。しかし、本書では「カモシレナイ」と対をなすのは「ダ／φ」であると考える。次の(41a)、(42a)は、推論過程を経ず、単に複数の事態の成立可能性が共存することを述べた文である。このとき、「カモシレナイ」を「ダ／φ」に置き換えても文は成立するが、推量

の意味を読み取らずに「ニチガイナイ」に置き換えることはできない。

(41) a. 死を前にして、助かる方法があるかもしれないってのになにもしねえ奴は人間のクズだ。　　　　　　　　　　（鈴木光司『リング』）
　　 b. 死を前にして、助かる方法があるってのになにもしねえ奴は人間のクズだ。
　　 c. *死を前にして、助かる方法があるニチガイナイってのになにもしねえ奴は人間のクズだ。

(42) a. 不動産の場合、この土地は自分の物だと言ったところで、そうだと断定する根拠が明確でない。塀で囲い、家を建てて住んでいても、借家、借地かもしれない。したがって、家や土地を手に入れたら、かならず登記しておく必要があるのだ。
　　　　　　　　　　（相馬達雄『この一冊で「民法」がわかる！』）
　　 b. 塀で囲い、家を建てて住んでいても、借家、借地デアル。
　　 c. *塀で囲い、家を建てて住んでいても、借家、借地ニチガイナイ。

　これらの文において、「カモシレナイ」が複数の事態の成立可能性を認めるのに対し、「ダ／φ」は１つの事態の成立可能性しか認めないという違いがある。しかし、両者はともに推論過程を経ずに使われるという点で共通している。一方、「ニチガイナイ」は推論過程を経る場合でなければ使えない。このような事実から、「カモシレナイ」と対をなすのは「ニチガイナイ」ではなく「ダ／φ」であると考えられる。
　なお、同じ「カモシレナイ」という形でも、次のように「知れない」という本動詞の意味が機能しているものもあるので注意が必要である。この「カモシレナイ」は「〜かどうか分からない」の意味である[15]。

(43)　いつ"お迎え"がくるかも知れないという状況は昔も今も変わりませんが、死刑囚を包む日常は確実にしかも限りなく悪化しているのです。
　　　　　　　　　　（大塚公子『死刑執行人の苦悩』）

(44) どうにもならないんじゃありませんか、別れていても、いつ帰ってくるかも知れないひとがあるんですよ。　　　（林芙美子『放浪記』）
(45) しかしこうして書きはじめた以上はどこまで迷いこむかもしれない地獄への旅にでたようなものだと覚悟をきめる必要があるだろう。
　　　　　　　　　　　　　　　　　　　　　　　　（倉橋由美子『聖少女』）
(46) あなたがお父様たちの御意志を裏切って、そう、ほんとに考えようもないやり方で裏切って、どこの馬の骨かも知れない男と……。
　　　　　　　　　　　　　　　　　　　　　　　（北杜夫『楡家の人びと』）

　以上、「ダ／φ」と「カモシレナイ」は事態の成立可能性を1つのみ認めるか、複数認めるかという点で対をなす表現であることを指摘した。第1章4節で示した概念で説明すれば、「ダ／φ」は事態確定性が確実であることを表し、「カモシレナイ」は事態確定性が不確実であることを表す。これに対し、推量文専用に使われる「ニチガイナイ」は認識確定性が不確定であることを表す。

　先の「カモシレナイ」が「カモシレナイ$_P$ – ϕ_M」と分析されるように、「ダ／φ」も「ダ(ナ／ノ)$_P$ – ϕ_M」、「ϕ_P – ϕ_M」と分析される[16]。いずれも「p」の部分で事態確定性の確定・不確定を表し、「q」の部分でその認識を表明する。これが知識表明文に使われれば話し手の知識をそのまま述べる文となり、推量文に使われれば話し手の推論の帰結を述べる文となる。

3.4　判断の焦点

田窪 (1987: 43) は「日本語では、原則的に文末の述語以外が自然な質問文の焦点に来ることができない。そこで「の」をつけて、焦点に来る要素を文末述語内に入れる必要がある」ことを指摘している。次の文で「彼がいるから」、「英語をマスターするために」という理由節が質問文の焦点に入るためには、「の」のスコープに入れなければならない。

(47) a. ?? 彼がいるから、北海道大学に行きますか。

b.　彼がいるから、北海道大学に行くんですか。
(48) a. ?? 英語をマスターするために、アメリカに行きますか。
　　b.　英語をマスターするために、アメリカに行くんですか。

(いずれも田窪1987より)

　田窪 (1987) は、同様の現象がモーダルのスコープにも起こることを指摘している。(49a) の「彼が行ったから」は「彼女が行ったコト」の理由にはならない。「から」節が「彼女が行ったコト」の理由を表すには、(49b) のように「の」のスコープに入れなければならない。

(49) a.　彼が行ったから［彼女も行った］でしょう[17]。　　(田窪1987)
　　b.　［彼が行ったから、彼女も行った］のでしょう。　　(田窪1987)

　この指摘について次の各文末形式で確かめる。まず、主節の「十万円札を発行する」を焦点とする場合は「の」が不要である。

(50)　(政府は景気回復を促すために、<u>何をするのか</u>という文脈で)
　　a.　景気回復を促すために、十万円札を発行する<u>φ</u>。
　　b.　景気回復を促すために、十万円札を発行する<u>カモシレナイ</u>。
　　c.　景気回復を促すために、十万円札を発行する<u>ニチガイナイ</u>。
　　d.　景気回復を促すために、十万円札を発行する<u>ヨウダ</u>。
　　e.　景気回復を促すために、十万円札を発行する<u>ラシイ</u>。
　　f.　景気回復を促すために、十万円札を発行する<u>ダロウ</u>。

　一方、理由節を焦点とする場合、「φ」、「カモシレナイ」、「ダロウ」は「の」が必要である。しかし、「ニチガイナイ」と「ラシイ」は「の」があってもなくてもよく、「ヨウダ」は「の」があると非文になる[18]。

(51)　(<u>なぜ</u>政府が十万円札を発行するのかという文脈で)

a. *[景気回復を促すために十万円札を発行する]φ。
b. *[景気回復を促すために十万円札を発行する]カモシレナイ。
c. [景気回復を促すために十万円札を発行する]ニチガイナイ。
d. [景気回復を促すために十万円札を発行する]ヨウダ。
e. [景気回復を促すために十万円札を発行する]ラシイ。
f. *[景気回復を促すために十万円札を発行する]ダロウ。

(52) (なぜ政府が十万円札を発行するのかという文脈で)
a. [景気回復を促すために十万円札を発行する]のだ。
b. [景気回復を促すために十万円札を発行する]のカモシレナイ。
c. [景気回復を促すために十万円札を発行する]のニチガイナイ。
d. *[景気回復を促すために十万円札を発行する]のヨウダ。
e. [景気回復を促すために十万円札を発行する]のラシイ。
f. [景気回復を促すために十万円札を発行する]のダロウ。

　すでに説明したように、「ダ／φ」は事態確定性が確実であること、「カモシレナイ」は事態確定性が不確実であること、「ダロウ」は事態の成立が確証できないことを表す表現である。これと同様に、「ノダ」も事態確定性が確実であれば「ノダ」、不確実であれば「ノカモシレナイ」、一応確実と捉えるが確証できない場合には「ノダロウ」が使われる。一方、「ニチガイナイ」、「ヨウダ」、「ラシイ」は「ノダ」の力を使わずに理由節を焦点にする点で、上の3つとは性質が異なっている。

　このような性質の違いは次の例文からも窺える。(53)において事件の原因が「奥野が突然発狂したこと」にあることをいう場合、「ニチガイナイ」はそのままの形で使えるが、「カモシレナイ」は「の」のスコープに入れなければならない。(53b)は事件が起きた原因を推論する意味ではなく、事件発生直後に奥野がどうなったのかを推論する意味になる。

(53) (事件の原因を推測する文脈で)
　a. 事件発生直後、近所に住む人たちは、奥野が突然発狂したにちがい

ないと思いもした。　　　　　（大塚公子『死刑囚の最後の瞬間』）
b. #事件発生直後、近所に住む人たちは、奥野が突然発狂した<u>カモシレナイ</u>と思いもした。
c. 事件発生直後、近所に住む人たちは、奥野が突然発狂した<u>ノカモシレナイ</u>と思いもした。

(53a)、(53c) は、次の文の括弧内の言葉が省略されてできたものであると考えられる。

(54) a. 事件発生直後、近所に住む人たちは、奥野が突然発狂した（ために事件が起きた）<u>ニチガイナイ</u>と思いもした。
b. 事件発生直後、近所に住む人たちは、奥野が突然発狂した（ために事件が起きた）<u>ノカモシレナイ</u>と思いもした。

このような違いからも、「カモシレナイ」と「ニチガイナイ」の異質性が証明される。

4　「ニチガイナイ」、「ヨウダ」、「ラシイ」の違い

本節では推論を表す「ニチガイナイ」、「ヨウダ」、「ラシイ」の意味の違いについて分析する。

4.1　判断の根拠

阪田・倉持 (1993) など一般に「ニチガイナイ」は根拠に基づかない推量を表し、「ヨウダ」、「ラシイ」は根拠に基づく推量を表すとされている[19]。

「〜にちがいない」は、必ずしも客観的な論拠を得ていなくても、あることを事実だと判定し、それを確信する意を表すのに用いられる。

（阪田・倉持 1993: 127）

文末の述語として用いられる場合には、現在の時点における話し手自身の判断に限られ、他者の意中を表すのに用いられる場合は、(中略)「〜と思う」などを添えた引用の形式を用いて表さなければならない。

（阪田・倉持 1993: 128）

　「ようだ」は、何らかの根拠に基づいて、不確実ながらもそうとらえてよい状況・事態であるという話し手の判断を表す。何らかの根拠に基づくという点では「らしい」によって表される判断と共通するが、「らしい」が根拠の持つ客観性に依存する傾向が強いのに比し、「ようだ」はそれなりの客観的な状況や事態の裏付けを得ている場合が多いもののそれには全面的にはよりかからず、話し手自身の主体的な立場に立った判断として表そうとしている点に違いがみられる。

（阪田・倉持 1993: 194）

　「らしい」は、ある事柄について、かなり確信のもてる客観的根拠に基づいて、そうとらえるのが当然であるという話し手の判断を表す。すなわち、話し手自身が、判断の対象となる事柄を事実だと断定的には言い切ることができないものの、その場の状況や種々の情報を手がかりにして、それが事実だと十分に考えられる状態にあるととらえられた場合に用いるものである。

（阪田・倉持 1993: 187）

先行研究の指摘のとおり、「ヨウダ」、「ラシイ」は何らかの根拠に基づく推論を表すと考えられる。(55)、(56) の例も、学校の様子や男の態度という視聴覚的情報を根拠に推論したものである。

(55)　正門のグリルは黒塗りの鋳鉄で、大学と見まがうような銀杏並木が続いている。建物はすべて、美しい焦げ茶色の化粧煉瓦でできており、いかにも有名進学校らしい重厚なイメージを作り出すことに成功していた。ざっと見渡した限りでは、大震災による被害も、ほとんどな

かったようだ。　　　　　　（貴志祐介『十三番目の人格—ISOLA—』）

(56) 例によって、どこか近くの席で、傍若無人な携帯電話の話し声がする。意味不明の私的な会話。当事者だけの笑い。若い男らしいが、席を立つだけの常識もないらしい。

（貴志祐介『十三番目の人格—ISOLA—』）

一方、「ニチガイナイ」は(57)のように根拠に基づく場合にも、(58)のように主体（智子）の直感（思い込み）による場合にも使われる。

(57) 「たしかにあの人間は学者にちがいない　あんだけの本を調べながら朝から晩まで図面をひいている……あの学者はたいしたやつにちがいない！　あの人間の脳細胞を吸いとれば十分地球の知識が手にはいるぞ」　　　　　　　　　　　　（手塚治虫『ザ・クレーター』）

(58) 十七歳の智子には恐怖の正体はまだよくわからない。しかし、想像の中で勝手に膨らんでしまう恐怖があることは知っている。
……そうであってくれればいい。いや、きっとそうに違いない。振り返っても、そこには何もない。きっと、何もない。

（鈴木光司『リング』）

先行研究では「ニチガイナイ」を「主観的な根拠」に基づく推量を表すと説明するものもある。しかし、劉(1996)の指摘にもあるとおり、根拠自体の主観客観を述べるのは適切ではない。したがって、根拠の主観客観で「ニチガイナイ」と「ヨウダ」、「ラシイ」の違いを説明するのには限界がある。

推論の過程において、主観的であろうが、客観的であろうが、根拠自体は客観的なものであると考えられる。　　　　　　（劉1996: 46）

以上、推論には「直感（思い込み）」によるものと、「根拠」に基づくものとがあることを確認した[20]。

4.2 推論の裏付けとなる根拠

小林 (1980) は推量のモードゥスの使い分けについて、根拠の違いという観点から次のように説明している。

> たとえば線路に近いある部屋で外を見ていた人がいたとする。いつもは何分かおきに通る電車が三十分以上途絶えていることにふと気付く。この事実に対して彼はどのような判断をするだろうか。ただしこのことについては何らの情報もなく、また眼前にそれについて何かを物語るものは何もない。
> A ×電車が脱線した<u>ようだ</u>。
>   ×電車が脱線した<u>らしい</u>。
> B ○電車が脱線した<u>んだろう</u>。
>   ○電車が脱線した<u>に違いない</u>。
> 〔電車のストップ＝事故〕が社会通念になっている現在、「事故」ということばならAの場合も可能となる。しかし飛び込み、脱線、トラックとの衝突などのような具体的な原因の判断はAの表現をもってはなされない。Aが成立するためにはAの事実を裏付けるような何らかの客観的な情報なり、証拠がなくてはならない。つまりAはそれらを基になされる推量判断を表す。これに対してBは話者の主観に基づいて推量判断がなされるため、上のようなより具体的な推量も可能となる。
> 　　　　　　　　　　　　　　　　　　　　　　　　　（小林 1980: 8）

小林 (1980) は「ニチガイナイ」と「ヨウダ、ラシイ」の違いを明確に説明している。小林 (1980) の例は、「電車が脱線すれば、電車の来るのが途絶える」という知識を持つ人が、「電車が三十分以上途絶えている」という眼前の事態を見て、「電車が脱線した」という事態を推論するものである。そのため、帰納推論の例であることが分かる。ところが、この場合、帰納推論であるにもかかわらず「ヨウダ、ラシイ」が使えない。以下、この理由について考える。

上の例において、「電車が脱線する」と「電車の来るのが途絶える」の関係は、「原因」と「結果」の関係になっている。話し手は眼前の「結果」と「知識（電車が脱線する→電車の来るのが途絶える）」をもとにして、未知の「原因」を推論している。ここで「原因」を「p」、「結果」を「q」、「知識」を「知識（p→q）」とすると、帰納推論は図 2-1 のように一般化して表すことができる。帰納推論は、原因「p」と結果「q」（いずれも「事態」に属す）のうち、発話時点において認識可能な「q」と「知識（p→q）」から未知の「p」を導く推論である。

《帰納推論》

事態	→	認識	→	推論	⇒【帰結】
p（原因）……		？（不明）		知識（p→q）⇒ 推論（q→p）	p
q（結果）……		〇（認識）			

図 2-1　帰納推論の流れ (1)

　小林(1980)は電車の来ない原因として、「電車の脱線」以外に「飛び込み」や「トラックとの衝突」などの候補を挙げている。このように、帰納推論においては必ずしも「知識（p→q）」から「p」が導かれるとは限らず、「知識（a→q）」から「a」が導かれたり、「知識（b→q）」から「b」が導かれることもある。これを図 2-2 に示す。

《帰納推論》

事態	→	認識	→	推論	⇒【帰結】
p（原因）……		？（不明）		知識（p→q）⇒ 推論（q→p）	p
q（結果）……		〇（認識）		知識（b→q）⇒ 推論（q→b）	b
				：	：
				知識（p→q）⇒ 推論（q→p）	p

図 2-2　帰納推論の流れ (2)

数ある原因のうちとりたてて「p」が導かれるためには、結果「q」が「p」を想定するに足るものでなければならない。小林 (1980) の例で「電車が脱線した」が駄目なのは、「電車が三十分以上途絶えている」という程度のことでは「電車の脱線」を想像する根拠として弱いからである。このことから、「ヨウダ、ラシイ」は推論の裏付けとなる根拠が必要であることが分かる。

4.3　比況の「ヨウダ」と推量の「ヨウダ」

比況の「ヨウダ」と推量の「ヨウダ」は関連した表現である。まず、「ヨウダ」に比況、推量、例示、婉曲の用法があることを確認する。

(59) a.　スカートをはいて、あの人はまるで女のヨウダ。(比況)
　　 b.　スカートをはいているから、あの人はどうも女のヨウダ。(推量)
　　 c.　たとえばピーマンのヨウナ緑黄色野菜は健康にいい。(例示)
　　 d.　(車が来たのを見て) 社長、どうやらお車が来たヨウデス。(婉曲)

(59a) は「あの人」が男であると分かっている場面で使われているのに対し、(59b) は「あの人」が男か女か分からない場面で使われているという違いがある。(59a) はあの人がスカートをはいていることを根拠に女っぽいことを述べた表現である。一方、(59b) はあの人がスカートをはいていることを根拠に女であると推論した表現である。

(59c) は緑黄色野菜の一例としてピーマンを挙げた表現で、緑黄色野菜とピーマンは上位語と下位語の関係になっている。例示の用法は「ピーマンのヨウナ緑黄色野菜」、「ピーマンのヨウニ栄養がある」のように、「ヨウナ＋体言」や「ヨウニ＋用言」の形でのみ使われ、「ヨウダ」の形では使われない。(59d) は、実際には車が来たことを知っていても、あえて推量的な言い方をすることによって、遠回しで丁寧な物言いにした表現である。婉曲の用法は推量の延長として考えることができる。

このうち比況と推量に注目すると、両者は事態 A と事態 B とが近接関係

にあることを表す点で共通する。AとBの関係は(60)のように表される。(60)はAとBがXという共通の属性を持つことを根拠に、AがBと近接関係にあることを表している。

(60) 根拠Xにより、AはB(の)ヨウダ。

　一方、比況と推量の違いは、比況は発話時点においてAがBでないことが分かっているのに対し、推量はそれが不明であるという点にある。
　推量の「ヨウダ」は普通連体修飾成分とはならないが、後に「直感／感じ／気／予感」など話し手の直感を表す表現が続く場合には連体修飾する。

(61) 禎子は、本多良雄が夫について、もっと何か知っている<u>ような直感がした</u>。　　　　　　　　　　　　　　　（松本清張『ゼロの焦点』）
(62) 「いや、つまらんところです。年じゅう、暗い<u>ような感じがして重苦しい所です</u>」　　　　　　　　　　　（松本清張『ゼロの焦点』）
(63) もっとも、その直後に数百年に一度の大震災が襲ってきたというのは、あまりにも偶然がすぎる<u>ような気もする</u>が。
　　　　　　　　　　　　　　（貴志祐介『十三番目の人格―ISOLA―』）
(64) 今年のクリスマスは雪が降る<u>ヨウナ予感</u>がする。

　このような表現が「ヨウダ」一語に縮約され、話し手の発話時点での推論を表したのが推量の「ヨウダ」であると考えられる。

4.4　伝聞の「ラシイ」と推量の「ラシイ」

「ラシイ」には次に示すように伝聞の用法と推量の用法がある。

(65) a. うわさによると、あの人は女<u>ラシイ</u>。（伝聞）
　　　b. スカートをはいているから、あの人はどうも女<u>ラシイ</u>。（推量）

伝聞の「ラシイ」は他者からの情報により当該の事態の真偽を述べる表現である。しかし、伝聞の「ソウダ」が他者からの情報をそのまま聞き手に伝えるのに対し、伝聞の「ラシイ」は多少なりとも話し手の判断が入る。その証拠に、発話時点である人物が「男」であると分かっている場面において、「あの人は女だソウダ」ということはできるが、「あの人は女ラシイ」というのは不自然である。

(66) a. あの人は絶対に男だ。しかし、うわさでは女だ<u>ソウダ</u>。
　　　b. ?あの人は絶対に男だ。しかし、うわさでは女<u>ラシイ</u>。

「ソウダ」は他者の考えをそのまま伝えるだけなので、話し手の考えと相違しても使うことができる。しかし、「ラシイ」には事態の真偽について話し手の判断が加わるため、一方で「Aである」といいながら他方で「Bである」というと矛盾が生じるのである。

4.5 「ヨウダ」と「ラシイ」の違い

推量の「ヨウダ」と「ラシイ」には、判断に対する話し手の責任の強さに違いがある。すなわち、(67)のように話し手の発言に責任が要求される場面では、「ヨウダ」は自然に使えるが、「ラシイ」を使うとまるで人ごとのように聞こえる。

(67)　実験の結果、ライオンとトラはどちらが強いか分かりましたか。
　　　a. ——どうもライオンノ<u>ヨウデス</u>。
　　　b. #——どうもライオン<u>ラシイデス</u>。

それゆえ、話し手自身の感情を語る場合、「ヨウダ」は使えるが「ラシイ」は使えない。しかし、他人の感情であれば「ラシイ」も使うことができる。

(68) a. 僕は君の話を聞いたら何だか勇気が湧いてきた<u>ヨウダ</u>。

b. *僕は君の話を聞いたら何だか勇気が湧いてきた<u>ラシイ</u>。
(69) a. あの人は君の話を聞いたら何だか勇気が湧いてきた<u>ヨウダ</u>。
b. あの人は君の話を聞いたら何だか勇気が湧いてきた<u>ラシイ</u>。

以上のように、話し手に責任ある判断が求められる場合や、話し手自身の感情を語る場合、「ラシイ」を使うことはできない。これは「ラシイ」による判断が他者からの情報や外界の現象を根拠に行なわれるためである。

4.6 「ニチガイナイ」と「ヨウダ・ラシイ」の違い

「ヨウダ」、「ラシイ」が推論の裏付けとなる根拠を必要とするのに対し、「ニチガイナイ」は話し手の思い込みであっても使える。また、「ヨウダ」、「ラシイ」が帰納推論にしか使えないのに対し、「ニチガイナイ」は演繹推論にも帰納推論にも使える。

(70) 「知識(春になる→桜の花が咲く)」
 a. (春になったのを知って)桜の花が咲く{<u>ニチガイナイ</u>／＊<u>ヨウダ</u>／＊<u>ラシイ</u>}。　　　　　　　　　　　　　　　　　　(演繹推論)
 b. (桜の花が咲いているのを見て)春になった{<u>ニチガイナイ</u>／<u>ヨウダ</u>／<u>ラシイ</u>}。　　　　　　　　　　　　　　　　　　(帰納推論)

演繹推論は、原因「p」と結果「q」のうち、発話時点において認識可能な「p」と「知識(p→q)」から未知の「q」を導く推論である。これを図2–3に示す。

《演繹推論》

事態	→	認識	→	推論	⇒【帰結】
p（原因）……		○（認識）		知識（p→a）⇒ 推論（p→a）	a
q（結果）……		？（不明）		知識（p→b）⇒ 推論（p→b）	b
				： ：	：
				知識（p→q）⇒ 推論（p→q）	q

図 2–3　演繹推論の流れ

5　「ダロウ」と「デアロウ」

「ダロウ」は「明日はタブン雨ダロウ」のように推量文にも使われる。しかし、(71)、(72)のような非推量文にも使われる。この点で「ニチガイナイ」、「ヨウダ」、「ラシイ」とは異なる。

(71)　むかしから家の中のネズミは地震の前にさっさといなくなってしまうという　火山が噴火する前に山からぞろぞろと動物たちが逃げ出す　船が沈むと感じた犬はけっしてその船にはのらないという {でしょう／*ニチガイナイ／*ヨウダ／*ラシイ}

（手塚治虫『アバンチュール 21』）（断定保留）

(72)　「国会の証人喚問も相当きびしかったけど、検事さんの調べはもっときつい {んでしょう／*ニチガイナイ／*ヨウダ／*ラシイ}？」

（魚住昭『特捜検察』）（いわゆる確認要求）

また、「ダロウ」は連体修飾成分となる場合、後ろに「と思われる」や「という」を付けないと不自然である。書き言葉では「ダロウ」が直接連体修飾する例も見られるが、口に出していうと不自然に感じられる。ところが、「デアロウ」の形を取ると許容度が上がることに気付く[21]。原文で「ダロウ＋名詞」となっているものも、「デアロウ」と比べると相対的に許容度が下がる。

(73) 窓ガラスには光線よけのためなの {?だろう／デアロウ} 濃紺の色が入れられ、外から見ると内部は暗く不気味に映った。
(沢木耕太郎『一瞬の夏』)

(74) 彼の七瀬への肉欲がすでに怒りで破壊のエネルギーに変化してしまっている {?だろう／デアロウ} ことも充分想像できた。
(筒井康隆『エディプスの恋人』)

(75) 蔵王といえば冬の樹氷ぐらいしか知らない私は、東京駅のコンコースに立ち停まって、やがて無数の氷と化してしまう {であろう／?ダロウ} 樹木たちが、いま鮮やかに色変わりして、満天の星空の下で風になびいているさまを想像してみたのです。　(宮本輝『錦繍』)

(76) 残金を調べてみると、現金はほぼ全部使い果し、残るは、虎の子のトラベラーズチェックだけで、その内訳は、コロラドを経てミシガンまでの旅費の約一五〇ドルと、そこに着いた当初に必要となる {であろう／?ダロウ} 二〇〇ドル (約六万円) ほどであった。
(藤原正彦『若き数学者のアメリカ』)

また、「デアロウ」は「デアッタロウ」の形になるが、「ダロウ」はその中に「タ」を取り込むことができない。

(77) 昨今の住宅事情は駅近辺だけでなく、かつては見わたすかぎり畑 {であったろう／*ダッタロウ} 地帯をすっかり街に変貌させていた。
(大塚公子『死刑執行人の苦悩』)

以上のように、「ダロウ」と「デアロウ」には単なる文体差以上の違いがあると考えられる。本書では事実の指摘にとどめるが、今後このような違いを分析することにより、「ダロウ」の意味がより明らかになると思われる[22]。

6　第2章のまとめ

第2章ではまず「ヨウダ」（比況）、「ソウダ」（様態）、「ベキダ」（当為）、「ツモリダ」（意志）について分析し、モダリティ成分に属するのは「−ダ」の部分のみで、「ヨウ／ソウ／ベキ／ツモリ」の部分は命題成分に属することを明らかにした。次に文末のモダリティ形式「ダ／ϕ」、「カモシレナイ」、「ニチガイナイ」、「ヨウダ」、「ラシイ」、「ダロウ」について分析した。これらの意味について本書では次のように考える。

「ダ／ϕ」：当該の事態の成立が確実であると認識したことを表す

「カモシレナイ」：当該の事態の成立が不確実で、他の事態の成立する可能性もあると認識したことを表す

「ニチガイナイ」：話し手の確信により、当該の事態の成立が確実であると推論したことを表す

「ヨウダ」：2つの事態に共通の属性があることを根拠に、当該の事態が成立すると推論したことを表す

「ラシイ」：他者からの情報や外界の現象を根拠に、当該の事態が成立すると推論したことを表す

「ダロウ」：証拠不足のため当該の認識や推論が確証できないことを表す

注
1　益岡（1991）はこれらの表現を既定真偽判断（Palmer（1986）の epistemic modality）を表すものとして位置付け、「根本的には、対象となる事柄が真であることを無条件に認める「断定」と、真であることを限定を加えた上で認める「断定保留」とに二分される（p.110）」と説明している。
2　「ヨウダ」には「比況」、「推量」、「例示」、「婉曲」などの用法がある。
3　「ソウダ」には「雨が降りソウダ」のように連用形について「兆候や様相の現れ」を表すものと、「雨が降るソウダ」のように終止形について「伝聞」を表すものとがある。ここでは前者の「ソウダ」を取り上げる。

4　本書の「当為」は、益岡（1987、1991）の「価値判断」、森山（1989）の「策動的判断〔必要／意図／願望〕」、中右（1994）の「拘束判断」に概ね対応する。しかし、本書ではこれをモダリティとは考えないため、「判断」という言い方を避け「当為」と呼ぶ。

5　寺村（1984）、中畠（1991）、三原（1995）、野田（1995）は「慨言のムード」、仁田（1989、1991）は「判断のモダリティ」、三宅（1994）は「認識的モダリティ」としている。これに対し、森山（1989）は「アスペクト的な意味に極めて近い。そもそも、連用形につくということ自体、意味的にも、形態的にも、前述のような認識的ムード形式にあわない（pp.63-64）」と述べ、小林（1980）も推量のモードゥスから除外している。ただし、森山（1989）も小林（1980）もそれ以上の考察はしていない。

6　益岡（1999）は「本稿では、「コト」という名詞を内容補充する連体修飾部に入り得る要素を命題内要素とみなすという基準を立てたいと考える。例えば、「私が仕事を必要としていること」という例であれば、「私が仕事を必要としている」を命題内要素と見るということである（p.47）」と説明している。ただし、連体修飾節に入るものが全て客観的な成分であるとは限らないので注意が必要である。たとえば、丁寧さのモダリティを表す「ます」は、「次に止まります駅は新横浜です」のように連体修飾節に入るが、主観的な成分である。

7　三宅（1992、1993）は、「カモシレナイ」を「可能性判断」、「ニチガイナイ」を「確信的判断」として区別している。

「可能性判断」：命題が真である可能性があると認識する。（三宅 1992: 38）
「確信的判断」：命題が真であると確信する。（三宅 1993: 38）

これに対し、本書では「カモシレナイ」は事態確定性の「不確実」を表す表現、「ニチガイナイ」は認識確定性の「不確定」を表す表現であると考える。

小林（1980）は「〔～かもしれない〕はある事柄のフィフティー、フィフティーの可能性を（中略）述べたもので推量表現とは見なしがたく本論ではこれらを除外して考える（p.8）」としている。しかし、「カモシレナイ」は必ずしもフィフティー、フィフティーの可能性を述べるわけではないこと、推量のモードゥスから除外した後の位置付けがなされていないことから、なお検討の余地が残されている。

8　森山（1989: 62）は「行くに違いない人　cf. ?? 行くだろう人」、益岡（1991: 115）は「彼がリツに話すに違いないことは、よく承知していた。」という例を挙げている。

9　次の（ib）は不自然な表現であるが、言葉を補えば（ic）のように適格な表現となる。
　　（i）a. 犯人はなぜ見つかる<u>かもしれない</u>この場所に戻ってきたか。
　　　　　（CBC テレビ「'99 年末総力スペシャルテレビ公開大捜査！④未解決事件を追え！」1999.12.29）
　　　　b. ? 犯人はなぜ見つかるこの場所に戻ってきたか。
　　　　c. 犯人はなぜ<u>来れば</u>見つかるこの場所に戻ってきたか。

10　三宅（1993）は上の寺村（1984）の例文（32）が非文となる理由について、「話し手の確信（思い込み）を述べることが不適切であると見なされる文脈（p.40）」だからであるとしている。

11 たとえば次のような例がある。
   (i) 「ここはいったいどこだ　科学省にはちがいないがなんだかようすがへんだぞ」　　　　　　　　　　　　　　　　（手塚治虫『鉄腕アトム⑪』）
12 次の文は聞き手に向けて述べられた発話である。
   (i) 「お前なら安心して正体を現すにちがいない」
   　　　　　　　　　　　　　　　　（東海テレビ「妖怪人間ベム」2000.8.29）
13 コーパス調査による文末形式の研究については、杉村（2003a）、周（2004）を参照。
14 2002年8月29日にインターネットの検索エンジンgooを使って検索した。「にちがいない」は「に違いない」の形も検索した。
15 「カモシレナイ」は、このような「か＋も＋知れ＋ない」という表現からできたものであると考えられる。この点については須賀（1995）に記述がある。
16 この点で、「ダ」を客観的な表現とした金田一（1953）の指摘を再認識する必要がある。
17 この文について、田窪（1987）は「すなわち、「から」は、「彼女が行った」理由でなく、話者がそう推測する理由を述べている（p.43）」と説明している。
18 安達（1997）は「証拠性判断の諸形式（杉村注：ヨウダ、ラシイ、ミタイダ、シソウダ）は形式の内部に「の（だ）」の介在を許さないという特徴を共有する（p.4）」として、「これは、本稿の立場からは、「の（だ）」の介在によって得られる効果と証拠性判断の形式の意味とが重なり合っていることを示唆していると考えられる」と説明している。しかし、「ラシイ」の場合には「の（だ）」の介在が許されると思われる。
19 「ヨウダ」「ラシイ」が根拠（証拠、手がかり、経験、兆候）に基づくことを指摘した研究に、柏岡（1980）、阪田・倉持（1980、1993）、小林（1980）、柴田（1982）、寺村（1984）、早津（1988）、中畠（1990）、益岡（1991）、宮崎（1991）、田野村（1994）、森本（1994）（ラシイについてのみ）、三宅（1994）、三原（1995）、野田（1995）、安達（1997）、野林（1999）などがある。
20 Palmer（1986）の"judgments"と"evidentials"、森山（1989）の「狭義判断」と「状況把握」、仁田（1989、1991）の「推し量りの確からしさを表したもの」と「兆候の存在の元での推し量りを表すもの」、益岡（1991）の「事態が成り立つ蓋然性（確かさの度合い）を表すもの」と「判断に至る様式を表すもの」、三宅（1995）の「確信的判断」と「実証的判断」に対応する。
21 同一作家が同一作品中で「ダロウ」と「デアロウ」を使った場合、連体修飾成分となる割合は「デアロウ」の方が高い。たとえば、宮本輝の『錦繡』は「ダロウ」は57例中0例で「デアロウ」は42例中5例、藤原正彦の『若き数学者のアメリカ』は「ダロウ」は112例中0例で「デアロウ」は55例中2例、沢木耕太郎の『一瞬の夏』は「ダロウ」は303例中3例で「デアロウ」は7例中5例が連体修飾成分となっている。（「でしょう」「でありましょう」「だろっ?」などの形は除き、平仮名表記の「だろう」「であろう」に限って調べた。）
22 この点について三原（1995）も「デアロウ」と「ダロウ」は別に考える必要があると述べている。

第3章 「キット」と「カナラズ」の主観性

1 はじめに

第3章から第9章では推論を表す副詞の意味について分析する。まず第3章では「キット」が判断の蓋然性を表す「モダリティ副詞」であるのに対し、「カナラズ」は事態の蓋然性を表す「命題副詞」であることを明らかにする。「カナラズ」と「キット」を比べると、前者は100パーセントの蓋然性を表し、後者は100パーセントには届かないが高い蓋然性を表すという違いが感じられる。しかし、もし両者が純粋に蓋然性の違いによって区別されるなら、(1a)で「彼は彼女のことが好きだ」とする判断が「キット」より強い場合に「カナラズ」が使え、(1b)で「彼は毎日6時に起きる習慣だ」ということが「カナラズ」ほど確実でない場合に「キット」が使えるはずである。しかし、それができないことから両者は単に蓋然性の違いによって区別されるわけではないことが分かる。

(1) a.　彼は {キット／*カナラズ} 彼女のことが好きなのだろう。
　　b.　彼は毎日 {?キット／カナラズ} 6時に起きる習慣だ。

　以下、第3章では2節と3節で「キット」と「カナラズ」の類義分析をした先行研究について概観し、分析の論点を定める。それを受けて4節で「キット」と「カナラズ」に主観性の違いがあることを指摘し、5節と6節で両者の意味の違いについて分析する。最後に7節で本章のまとめをする。

2 「キット」と「カナラズ」の類似点と相違点

一般に「キット」と「カナラズ」は類義語として扱われ、各種の国語辞典でもそれぞれの語を説明するのに互いの語が使用されている。一例として『日本語大辞典』の記述を示す。

> きっーと〔屹度・急度〕（副）（「きと」の転）①たしかに。まちがいなく。必ず。certainly 用例 － 来る。②急に態度が厳しくなるようす。sternly 用例 －にらみつける。③厳しく。きりりと。 用例 －申し付ける。④ 古語 すぐに。とっさに。 用例 －思ひいだして。（平家・九・生ずきの沙汰）
> かならず〔必ず〕（副）①きっと。たしかに。まちがいなく。surely 用例 人間は－死ぬ。－間に会うように行きます。②いつも。きまって。always 用例 会えば－けんかだ。戦えば－勝つ。

このうち、「キット」の②〜④は情態副詞の例であるため、本書の考察の対象からは外れる。次の（2）は「キット」の②の例である。

（2） その日の昼頃、占領軍の兵士が行者様の石像を海に放り込んでしまったと、志津子は眉を<u>きっと</u>つり上げて、悔しそうに言った。

　　　　　　　　　　　　　　　　　　　　　　　　　（鈴木光司『リング』）

上に示した辞書の記述にも見られるように、「キット」と「カナラズ」は類義語として捉えられる。実際、次の文で「キット」と「カナラズ」を入れ替えてもほとんど意味が変わらないように見える。

（3） 灯の連なる名古屋の街を窓に見入りながら、いつかは<u>きっと</u>、あの女に会える、<u>必ず</u>会ってみせる、と思った。

　　　　　　　　　　　　　　　　　　　　（劉 1996：松本清張『黄色い風土』）

(4) わたしが中国にいるとき、あなたはみずから党秘書を訪ねていって、「明道は必ずわたしのもとに帰ってくる。決してわたしを見捨てたりはしない。心配しないでおくれ。わたしがいるかぎり、明道はきっと帰ってくる」とおっしゃったそうですね。

(康明道著、尹学準訳『北朝鮮の最高機密』)

(5) 私は茫然とした。日本の学校を出た彼女は、朝鮮語ができない。しかも、初めての祖国訪問だ。「必ず迎えに来てね」と手紙に書いていたし、「きっと迎えに行く」と電話で何度も約束した。

(李英和『北朝鮮秘密集会の夜』)

しかし、次の場合は「キット」と「カナラズ」を入れ替えることができない。したがって、両者には単なる蓋然性の違いでは説明できない違いがあると考えられる。

(6) コロンブスの卵は、{きっと／*カナラズ}茹で卵だったにちがいない。

(安部公房『砂の女』)

3 先行研究

「キット」と「カナラズ」の類義分析を行なった先行研究には、工藤(1982)、山田(1982)、丹保(1984)、佐治(1986、1992)、森田(1989)、小林(1992)、森本(1994)、劉(1996)、坂口(1996)などがある。次にこれらの要点を整理し、分析の視点を定めることにする。

① 工藤（1982）

工藤(1982)は「キット」と「カナラズ」を「叙法副詞」の中に位置付け、「一語一義説」と「意味＝用法説」[1]を批判し、「やきつけられ度」として考えるべきことを主張した。「やきつけられ度」とは次のようなものである。

「共起」はいわば量的現象、「呼応」は質的関係だが、質的なものが量的現象を生じるとともに、量的現象が質的変化をもたらすとも、一般的に言える。文の中での意味機能が、使用のくりかえしの中で、しだいに単語の意味機能としてやきつけられていくのである。「共起」と「呼応」とが基本的なところで平行することは、不思議なことではない。

(工藤 1982: 71)

工藤(1982)は、推量的な副詞群は対象面における「事態実現の確実さ」と作用面における「話し手の確信の度合い」の2面を持つとして、「キット」と「カナラズ」には①話し手の確信、②話し手の期待（意志・命令）、③確率の高さの3つの用法があるとし（①②は叙法としての用法、③は疑似叙法としての用法）、そのうえで両者の意味機能が「やきつけられている」としている。しかし、工藤(1982)は両者がどのようにやきつけられているのかは説明しておらず、両者の違いも「「必ず」の基本的用法が／確率／である(p.73)」と述べるにとどまっている。

また、工藤(1982)はどの推量の副詞にも「確率」と「確信度」の二面性があることを主張しているが、前者は客体世界における蓋然性、後者は話し手の判断における蓋然性であり、区別して考える必要がある。とはいえ、工藤(1982)が推量の副詞を「確率」と「確信度」の2面から考えたのは重要なことであり、「キット」と「カナラズ」の意味のつながりを考えるうえで大きな示唆を与えている。

② 山田 (1982)

山田(1982)は、文には「断定」、「確信」、「疑問」など話し手の態度を表す部分（心的態度）と、その対象となる部分（命題）とがあるとして、「「客観的態度」をP、命題をQ、「成立する」を「である」と言い換えて示すと、命題Qは一般に、〔Pである〕という構造を持つと言うことができる(p.187)」と述べ、命題の中にも話し手の判断「である」が含まれると主張した。そのうえで、「キット」と「カナラズ」は心的態度ではなく命題のみを修飾する

として、両者を「命題の成立する度合についての話し手の主張を示す」表現であるとした。こうして「キットQ」は「主観的根拠にもとづいてPである」ことを表し、「カナラズQ」は「Pでないことがありえない」ことを表すとした。しかし、山田（1982）は「心的態度」と「命題自体に含まれる話し手の判断」を明確に区別しておらず、その点で曖昧な説明となっている。

山田（1982）は「カナラズQ」の意味について次のように説明している。

> ところで、〈Pでないことがありえない〉は論理的に〈Pである〉を帰結するが、後者はカナラズの意味に含まれない。このことは次例の検討から明らかになる。
> 　8　彼は明日来るというわけではない。
> 　9　彼は明日カナラズ来るというわけではない。
> 　8は〈彼は明日来る〉の否定で〈彼は明日来ない〉と言っている。9は〈彼が明日来ないことがありえない〉の否定で〈彼が明日来ないことがありうる〉と言っている。もしカナラズが〈Pである〉ことをも意味するならば、8と9の論理的意味が同じになるはずだが実際はそうではない。〔カナラズQ〕はただ〈Pでないことがありえない〉ことを意味しているのである。
> 　　　　　　　　　　　　　　　　　　　　　　　（山田 1982: 189）

そのうえで、命題内容によっては「カナラズ」が使えないこともあるとした。山田（1982）は命題を「事実命題」（事実関係によって真偽が決まる命題）と「規約命題」（習慣的規約によって真偽が決まる命題）に分け、「〈Pである〉ならば〈Pでないことがありえない〉」という論理関係が認められるものは「同語反復」となるため不自然に感じられるとした。たとえば、事実命題のうち「私は来月の会にカナラズ出席する」などは同語反復にはならないので許容されるが、規約命題を表す「北の反対はカナラズ南である」、「3 × 2 はカナラズ 6 である」や、事実命題でも既成の一回的事実を表す「私はきのうカナラズ彼に会った」などは同語反復となるため許容されないと説明した。しかし、森田（1989）が「三から一を引けば必ず二だ」を適格な文と認めて

いるように、規約命題を表す場合でも「カナラズ」が使えないわけではない。その場合、「(例外があると考える人がいるかもしれないが)三から一を引けば必ず二だ」のように、「Pでないことがありえない」という文脈を想定すれば「カナラズ」も使えるのである。

これに関連して、山田(1982)は「既成の一回的事実」を示す場合、「キットQ」は使えるが「カナラズQ」は使えないとしている。

（7）a.　あの人はキット結婚したんですよ。　　　　　　　（山田1982）
　　　b. *あの人はカナラズ結婚したんですよ。　　　　　　（山田1982）

これについて山田(1982)は、(7a)は「「あの人が結婚した」ことの確証はないが、何らかの理由でそう考えられると言っている(p.193)」とし、(7b)は「「あの人が結婚した」ことを認めればそれ以外の可能性はないからカナラズが使えない(p.193)」としている。しかし、「あの人は来年カナラズ結婚する」の場合、「あの人が来年結婚する」ことを認めればそれ以外の可能性がないにもかかわらず適格な表現となる。したがって、同語反復を理由に「カナラズ」の使用可能性を説明するのは無理があると思われる。

③ 佐治（1986、1992）

佐治(1986、1992)は「キット」、「カナラズ」、「ゼッタイニ」、「ドウシテモ」を「ことがらに対する話し手の判断の断言の気持の強弱にかかわるもの(佐治1992: 83)」として1つの類型にまとめ、各副詞がどのような文脈で使われるのかを調べた。その結果、「キット」は単なる事実を述べる文ではなく推量の意を帯び得る文にしか使えないとして、「話し手が強くそう推量する気持を表す」と定義した。

一方、「カナラズ」については、単なる事実を表す文や静的な事態の推量とは共起せず、変り得る余地のある事態を表す文と共起すること、ある種の条件句を含んだ文に現れることを指摘した。しかし、単なる事実を表す文とは共起しないといいながら、一方では単なる事実を表す文であっても条件句

のある場合には「カナラズ」が使えるとも述べている。佐治は、単なる事実を表す「このあたりは冬になると必ず雪が降った」が成立する理由について、「冬になると」という条件句があるためであるとしている。しかし、(8)は条件句があっても「カナラズ」が使えない。したがって、条件句の有無では「カナラズ」の使用可能性は説明できない[2]。

(8) *昨日は夜になるとカナラズ雪が降った。

佐治(1986、1992)は「カナラズ」を話し手の判断とかかわる副詞であるとしているが、本書では命題部分とかかわると考え、反復的文脈の場合は広く使われるが、一回的文脈の場合は過去文では使えないことを指摘する。

④ 森本（1994）

森本(1994)は副詞のカテゴリーの中に「話し手の主観を表す副詞」を設定し、平叙文と共起するか、命令文と共起するか、「ダロウ」、「ラシイ」、「ウ／ヨウ」構文と共起するか、現在文で現れるか過去文で現れるかというテストによって、いくつかのサブカテゴリーに分類した。このうち「キット」と「カナラズ」は「述べられる行為や状態の実現についての蓋然性に関する判断を担っている(p.63)」ものに分類し、その中でも特に蓋然性の高いものとして位置付けている。

森本(1994)は「カナラズ」に「推量的機能」と「習慣的機能」のあることを認め、過去平叙文では「習慣的機能」にしかならないとしている。

(9) a. まりこはかならずここを通る。
　　b. わたしの予測ではまりこはかならずここを通る。（推量的機能）
　　c. まりこはかならずここを通る。それで店の人が彼女の顔をおぼえてしまった。（習慣的機能）

（森本1994：括弧内は杉村による）

(10) P : まりこは少しお金があるとかならずバラを買った。

Q：それが彼女の習慣だったの。
　　P：うん。

(森本 1994)

　同様に「キット」にも似た性質があるとして (11) を挙げている。ただし、このような用法は現在の日本語では書き言葉に限定されるとしている[3]。

(11) a. まりこはお金があるときっとバラを買った。　　　（森本 1999）
　　 b. まりこはお金があるときっとバラを買う。　　　　（森本 1999）

　森本 (1994) は両者のニュアンスの違いとして、「直観的に言うと、「きっと」では、話し手は行為を実現させるという自分の期待を強調する。また、「かならず」はその行為が確実に行われることを強調する (p.175)」と述べている。この捉え方は両者の違いの本質に迫るものである。しかし、森本 (1994) はそう述べるにとどまり、それ以上の考察はしていない。また、「カナラズ」が「習慣的機能」を持つ場合は「文の命題内容にとりこまれると思われる (p.74)」としながらも、結局はそう述べるにとどまり、「習慣性は話し手の心理的態度と無関係ではない。習慣であるという判断は話し手の観点にかかっているからである (p.80)」として、話し手の主観性と結び付けて考えている。しかし、「話し手の主観」について明確に定義したうえで、森本 (1994) の最初の直感に戻って議論を進めるのがよいと思われる。

⑤ 劉（1996）

　劉 (1996) は「キット」と「カナラズ」を「話し手の確信度を表す副詞」として位置付け、モダリティにかかわるものであるとした。劉 (1996) は「ニチガイナイ」、「ハズダ」、「ダロウ」、「カモシレナイ」との共起を調査し、「カナラズ」は前3つの比較的強い確信度を表すモダリティとしか共起しないのに対し、「キット」はその3つに加えて弱い確信度を表す「カモシレナイ」とも共起することから、話し手の確信度は「キット」のほうが低いとした。

しかし、「ニチガイナイ」、「ハズダ」、「ダロウ」、「カモシレナイ」を単なる蓋然性の違いとは考えない本書の立場からすると、これを根拠に「キット」と「カナラズ」の違いを議論することはできないと考える。

劉（1996）は森本（1994）の「推量的機能」と「習慣的機能」についても言及し、「カナラズ」は森本（1994）の指摘したとおり2通りの読みが可能であるが、「キット」は推量の読みしかできないとした。劉（1996）はその根拠として(12)の「カナラズ」が「キット」に置き換えられないことを指摘している。

(12) a. 偽名の手紙を、秋田文作にあてて四日に一度は<u>かならず</u>送った。

(劉1996：松本清張『危険な斜面』)

　　b. ＊偽名の手紙を、秋田文作にあてて四日に一度は<u>キット</u>送った。

たしかに、劉（1996）の指摘したとおり「キット」を「習慣的機能」として使うのは不自然である。このような違いが現れる理由についてさらに考察が必要である。

以上5つの研究は「キット」と「カナラズ」をともにモダリティ表現（あるいは命題表現）と見るか、主観性の違いをあまり考えずに分析したものである。これに対し、主観性の違いから考察した研究に丹保（1984）がある。

⑥ 丹保（1984）

丹保（1984）は、「①「必ず」は、その意義を2つに区分する必要がある。②「かならず」と「きっと」との述語に対する係り方は「認定」と「判断」とに分けて考えるべきである。「認定」とは、叙述内容をそれと認めることであり、「判断」とは、認定された叙述内容に対して話し手の心的態度を加えることである（p.13）」と説明し、認定内で働く「かならずa」と、認定外で働く「かならずb」および「きっと」に区別した。

　　かならずa ——成立することを前提としての確信

かならず b ── 成立することへの強い確信
　　　きっと　　 ── 事柄に対する確信的推量

　丹保 (1984) は「事実命題」と「規約命題」において、単純な断定の場合は「キット」しか使えないが、「〜ニナル」という意味の場合には「キット」も「カナラズ」も使えるとした。また、超時間的真理の表現には「かならず a」は使えるが、「きっと」と「かならず b」は使えないこと、逆にル形で表された個別的表現には「きっと」と「かならず b」は使えるが、「かならず a」は使えないことを指摘し、タ形で表された個別的表現ではいずれも使えないことを指摘した。さらに、否定表現を「否定 (対象)」、「否定 (作用)」、「否定意志」の 3 つに分け、「否定 (対象)」の文は「かならず a」と共起すること、「否定 (作用)」の文は「きっと」と共起すること、「否定意志」の文はいずれの文とも共起しないことを指摘した。

　丹保 (1984) の研究の問題点は、「かならず a」と「かならず b」をどの程度別のものとして捉えるのかという点にある。本書では「カナラズ」自体は 1 つの意味をもっており、使われる文の性質によって「a」と「b」に分かれて見えると考える。

⑦ 小林 (1992)

　小林 (1992) は、「キット」は「発話態度」に係り、「カナラズ」は「事柄、事態」に係ると考えた。

　　　必ず　 ・確率がほぼ 100% であるという意味である。
　　　　　　・くり返して起こる可能性のあることについて言う。
　　　　　　　（過去の一度限りのできごとには言わない）
　　　　　　・変化の意味を持つ動詞に係る。
　　　　　　　（形容詞や名詞のような状態性の文では言わない）
　　　きっと・強い確信や期待を示す。
　　　　　　・推量の意味を含む。

・ナル的(無意志的)である。

(小林 1992: 15–16)

　小林(1992)は両者の違いを明確に示しており、きれいな記述となっている。しかし、「カナラズ」が一回的文脈に使われる場合や、「キット」が意志、命令、勧誘を表す場合については排除されている。したがって、排除された用法を補い、統一的な説明を試みることが必要である。

⑧ 坂口 (1996)
　坂口(1996)は「ゼヒ」、「ドウカ」、「キット」、「カナラズ」、「ゼッタイ」の5つの副詞について、働きかけ文(命令文、依頼文、当為文など)との共起関係を調べた。このうち「キット」、「カナラズ」、「ゼッタイ」については、「「きっと」と「絶対」は話し手の主観性が強く、この点で「必ず」とは異なる。しかし、事態実現の確実さでは「必ず」と「絶対」が高いという点で「きっと」と異なる。また、「きっと」は話し手の推量をより強く表すという点でも他の2副詞と異なっている(p.9)」と述べている。
　坂口(1996)は「キット」、「カナラズ」、「ゼッタイ」の係り先について、「キット」と「ゼッタイ」は「ほうがいい」という当為判断(モダリティ部分)に係り、「カナラズ」は「聞く」という動作(命題部分)に係るとした。副詞の係り先に統語的な違いがあるとする考えは本書とも一致する。

(13)　今度の講演は、[きっと／必ず／絶対] 聞いたほうがいい。

(坂口 1996)

　ただし、「キット」の係り先については本書と考えが異なる。すなわち、「キット」が話し手の推量を強く表すのであれば、「ほうがいい」ではなく文末のモダリティ形式「φ」に係ると考えた方が説得的である。

(14)　今度の講演は、きっと聞いたほうがいい φ。

以上、先行研究の記述について概観した結果、「キット」と「カナラズ」を分析する際の論点が明らかとなった。以下、これらの論点に沿って「キット」と「カナラズ」の意味分析を行なっていく。

　　① 命題副詞かモダリティ副詞か
　　② 「否定文」、「過去文」との関係について
　　③ 「蓋然性」の高さについて
　　④ 「推量的機能」と「習慣的機能」について
　　⑤ 「一回的文脈」と「反復的文脈」について
　　⑥ 「意志」、「命令」、「勧誘」の用法について

4　命題とモダリティ

4.1　主観性の違い

次に主観性判定テストによって「キット」と「カナラズ」が命題副詞なのか、モダリティ副詞なのかを分析する。このテストにおいて命題副詞は否定や疑問の焦点となり、モダリティ副詞は否定や疑問の焦点とはならない。

①否定テスト
(15) a.　?太郎はキット10時に寝るのではなく、タマニ10時に寝る。
　　　b.　太郎はカナラズ10時に寝るのではなく、タマニ10時に寝る。
②疑問テスト
(16) a.　?太郎はキット10時に寝るのですか、タマニ10時に寝るのですか。
　　　b.　太郎はカナラズ10時に寝るのですか、タマニ10時に寝るのですか。

　この結果、基本的に「キット」はモダリティ副詞、「カナラズ」は命題副詞であることが分かる。「基本的」というのは、小説などの書き言葉では「キット」が「カナラズ」のように確実性を表す命題副詞として使われることもあるからである。

渡辺（1971）は陳述副詞について「叙述の知的内容量に対しては、全く増減の影響を及ぼすことがない（p.310）」と述べている。「キット」と「カナラズ」を比べると、(17b)の「キット」は話し手の確信度の強さは表しているが、「太郎は10時に会社に来る」という事態の知的内容量には影響を与えていない。一方、(17c)の「カナラズ」は「太郎は10時に会社に来る」という事態が例外なく成立するという意味を表し、叙述の知的内容量に影響を与えている。

(17) a.　太郎は10時に会社に来る。
　　 b.　太郎はキット10時に会社に来る。
　　 c.　太郎はカナラズ10時に会社に来る。

　また、(18)と(19)において「カナラズ」を使うと発話時点で既に分かっていることを述べる「知識表明文」になるのに対し、「キット」を使うと発話時点において未知のことを推論する「推量文」になるという違いがある。

(18)　粒子は互いに、相手の粒子が飛びだすときの反作用を受けて動くので、{必ず／キット}正反対の方向に動く。
　　　　　　　　　　　　　　　　　　（和田純夫『量子力学が語る世界像』）
(19)　「こんど引っ越してきたあの人たち、とても愛し合っているのね。ご主人が仕事に行くとき、{必ず／キット}奥さんを抱きしめてキスしていくわ。どうしてあなたもそうしないの」
　　　　　　　　　　　　　　　　　　　　（福田健『ユーモア話術の本』）

　以上のことから、(20)に示すように「キット」は文末のモダリティ部分と関係し、「カナラズ」は命題部分と関係していることが分かる。

(20) a.　太郎はキット来るだろう。

b.　太郎は<u>カナラズ</u> <u>来る</u>だろう。

　劉（1996）は（21）を根拠に「カナラズ」と「ニチガイナイ」は共起していると考えている。しかし、この「カナラズ」は「ニチガイナイ」ではなく「秘匿していた」に係っていると考えられる。なぜならば、この文に「オソラク」を補うと、「<u>オソラク</u>［細密な計画を立てていた彼のことだから、<u>かならず</u>外部に知れることなく野関利江をアパートかどこかに<u>秘匿していた</u>］<u>にちがいない</u>」となり、「カナラズ」と「ニチガイナイ」が文の異なる階層に属することが明らかであるからである。

(21)　細密な計画を立てていた彼のことだから、<u>かならず</u>外部に知れることなく野関利江をアパートかどこかに秘匿していた<u>にちがいない</u>、と、沼田仁一には考えられた。　　　　（劉1996：松本清張『危険な斜面』）

4.2　根拠の違い

山田（1982）が「キット」は話し手の「主観的根拠」に基づくと述べているのに対し、劉（1996）は「推論の過程において、主観的であろうが、客観的であろうが、根拠自体は客観的なものであると考えられる（p.46）」として、「キット」は話し手の「主観的根拠」ではなく、話し手の「主観的な判断」を表していると主張した。そのうえで、劉（1996）は「キット」と「カナラズ」の違いを「客観的な根拠」に基づいているかどうかといった観点から次のように説明している。

　　「かならず」の機能は話し手がある程度客観的な根拠に基づいて判断を下すということである。「きっと」はほとんど客観的な根拠に基づいておらず、話し手の主観的な推量であるから、「かならず」より確信度が低いと言えよう。　　　　　　　　　　　　　（劉1996: 47）

　たしかに劉（1996）の指摘するとおり、「キット」も「カナラズ」も根拠自

体は客観的であると思われる。しかし、両者の違いを「客観的な根拠に基づくか否か」に求めると、(22)の文法性判断の違いが説明できなくなる。

(22) 太郎はもう十日も学校を休んでいる。そう言えば、十日前に雨に濡れて少し頭が痛いと言っていたっけ。そうだ、{キット／*カナラズ}風邪をひいているんだ。

(22)では根拠がいかに客観的なものであったとしても、「カナラズ」を使うことができない。(22)で「カナラズ」が使えないのは、「風邪をひいている」が状態性の事態を表しているためである。(この点については本章6.2節で論じる。)そもそも「カナラズ」は命題副詞として事態が例外なく確実に成立することを表す表現である。そのため、(23)のように一般的事実を表す「知識表明文」でなら自然に使うことができる。結局、「キット」と「カナラズ」を根拠の違いによって区別しようとすることに無理があるのである。

(23) 太郎は体が弱いので、雨に濡れるとカナラズ風邪をひく。

また、「キット」は(22)のように推論の裏付けとなる根拠が示される場合のみでなく、(24)のように直感的な推論を表す場合にも使われる。

(24) 太郎はもう十日も学校を休んでいる。理由はよく分からないけどキット風邪をひいているんだ。

このことから、「キット」を使った推量文は根拠が有力なものであろうとなかろうと、根拠そのものに依拠した推論ではなく、話し手の確信に依拠した推論を表すと考えられる。

5 文の意味と副詞の意味

5.1 推量的機能と習慣的機能

森本(1994)は「キット」と「カナラズ」に推量的機能と習慣的機能のあることを指摘した。森本(1994)の記述をまとめると表3–1のようになる。表3–1に示されるように、森本(1994)は「キット」や「カナラズ」自体に推量的機能や習慣的機能が備わっていると考えている。これに対し、本書ではこのような意味は「キット」や「カナラズ」自体にあるのではなく、これらの副詞の使われた文に備わったものであると考える。

表 3–1　森本(1994)のキットとカナラズの機能

		キット	カナラズ
過去文	単一の行為を表す文	*	*
	複数の行為を表す文	?習慣	習慣
現在文	単一の行為を表す文	推量	推量
	複数の行為を表す文	推量、習慣	習慣

森本(1994)は「「かならず」が現在平叙文で使われるときには文の意味にあいまいさが生じる(p.74)」として、「カナラズ」には推量的機能(25a)と習慣的機能(25b)の2つがあるとした。

(25) a. まりこはかならずここを通る。
　　 b. わたしの予想ではまりこはかならずここを通る。
　　 c. まりこはかならずここを通る。それで店の人が彼女の顔をおぼえてしまった。

(森本 1994)

これについて森本(1994)は、「本来「例外的な場合なく起こる」という抽象的な意味をもち、そこからふたつの用法が生じるとも考えられる。このふたつの読みは、文脈によってかなりの程度まで決まるが、習慣的な読みは複数の行為を表す文に、また推量的な読みは単一の行為を表す文に現れる傾向

があるようだ(p.75)」と説明している。森本(1994)ははっきりと明言しているわけではないが、この2つの機能を相互排除的なものと考えているようである。しかし、推量文でかつ反復的文脈の場合は、推量的機能と習慣的機能を同時に表すことができる。(26)は「イツモ」という頻度を表す副詞があることから反復的文脈であり、「ニチガイナイ」という推論を表す文末形式があることから推量文でもある。

(26) 警察は、「まりこはいつもカナラズここを通るにちがいない」と見ている。

　ここで問題となるのは、「カナラズ」自体に推量的機能や習慣的機能があるのかということである。先の主観性判定テストの結果からも明らかなように、「カナラズ」は命題副詞である。したがって、「カナラズ」自体が発話時点における話し手の推論的判断を表すわけではなく、推量的機能は「〜ニチガイナイ」という推量文に備わったものであると考えられる。同様に、習慣的機能は「イツモ〜」という反復的文脈に備わったものであると考えられる。かりに「カナラズ」が反復的文脈にしか使われないのであれば、「カナラズ」が習慣的機能を持っていると考えることもできる。しかし、「カナラズ」は(27)のように一回的文脈にも使うことができる。しかも、(27)は推量文ではなく伝聞文である。したがって、この文は推量的機能も習慣的機能も表さないことになる。

(27) 警察の情報では、まりこは今日カナラズここを通るそうだ。

　また、森本(1994)は(28)を根拠に「カナラズ」は過去平叙文では習慣の読みにしかならず、推量の読みにはならないと述べている。しかしこれは、推量文は話し手の「発話時点」における推論的判断を表すため過去文の中に収まらないという推量文の特性に由来するものであり、「カナラズ」とは独立に考える必要がある。

(28) P ：まりこは少しお金があるとかならずバラを買った。
　　 Q ：それが彼女の習慣だったの。
　　 P ：うん。

　むしろここで主張すべきは、過去文において「カナラズ」は反復的文脈には使えるが、一回的文脈には使いにくいということである。

(29) a. ?まりこは昨日はカナラズここを通った。（一回的文脈）
　　 b. 　まりこはいつもカナラズここを通った。（反復的文脈）

　以上のことから、「カナラズ」の意味を推量的機能と習慣的機能に二分するのは無理であることが分かる。これに対し、本書では「カナラズ」自体は「当該の事態が例外なく成立すること」を表すにすぎず、一回的文脈ではその一回の事態が確実に成立することを表し、反復的文脈ではどの場合も例外なく事態が成立することを表すと考える。一方、推量的機能は推量文という文に帰せられるもので、「今日カナラズここを通るニチガイナイ」のように一回的文脈にも使われるし、「毎日カナラズここを通るニチガイナイ」のように反復的文脈にも使われる。推量的機能と習慣的機能は互いに独立した概念で、推量的機能でなければ習慣的機能、習慣的機能でなければ推量的機能というような相互排除的なものではないのである。

5.2　一回的文脈と反復的文脈
　次に一回的文脈と反復的文脈における「キット」と「カナラズ」の読み（推量的機能、習慣的機能）の違いについて見る。まず、「カナラズ」が現在文に使われる場合から見る。(30a) は一回性の事態であるため「習慣的読み」とはならず「推量的読み」となる。一方、(30b)は反復的文脈の例であり「習慣的読み」となる。これは場合によって知識表明文にも推量文にもなる。

(30) a. 　彼は今日は調子がいいのでカナラズ勝つ。（一回的文脈）

b. 彼は将棋を指せばカナラズ勝つ。(反復的文脈)

次に「カナラズ」が過去文に使われる場合について見る。(31a)は一回性の事態であるため「習慣的読み」とはならない。「推量的読み」なら不可能ではないが、不自然な感じは残る。一方、(31b)は「習慣的読み」となる。(文末に推論的判断を表す「φ」が付いていると考えれば「推量的読み」も可能である。)

(31) a. ?彼は昨日は調子がよかったのでカナラズ勝った。(一回的文脈)
　　 b. 　彼は将棋を指せばカナラズ勝った。(反復的文脈)

次に「キット」が現在文に使われる場合について見る。(32a)は一回性の事態であるため「習慣的読み」とはならず「推量的読み」となる。一方、(32b)は反復的文脈の文としては不自然である。この文に「習慣的読み」を持たせることは一般的な用法ではなく、普通は「カナラズ」や「キマッテ」などを使う。森本(1994: 75)は「キット」が過去平叙文に使われる用法は現在の日本語では書き言葉に限定されると述べているが、現在文でも同じである。

(32) a. 　彼は今日は調子がいいのでキット勝つ。(一回的文脈)
　　 b. ?彼は将棋を指せばキット勝つ。(反復的文脈)

最後に「キット」が過去文に使われる場合について見る。(33a)は一回性の事態であるため「習慣的読み」とはならない。「彼は昨日は調子がよかったのでキット勝った(ダロウ)」の意味で取れば、「推量的読み」も可能であるが、その場合は「キット」が過去文の中に入ったことにはならない。一方、(33b)は上の(32b)と同様に不自然な文である[4]。

(33) a. *彼は昨日は調子がよかったのでキット勝った。(一回的文脈)

b. ？彼は将棋を指せばキット勝った。（反復的文脈）

　以上のように、推量的機能と習慣的機能はそれぞれ推量文、反復的文脈という文に備わったものであり、「キット」や「カナラズ」自体がそのような意味を表しているわけではないのである。

6　「キット」と「カナラズ」の用法

6.1　意志文、命令文、勧誘文の「キット」

「キット」は推量文だけでなく意志文、命令文、勧誘文にも使われる。(34)～(36)は意志文、(37)～(39)は命令文、(40)は勧誘文の例である。これらの「キット」は話し手の意志の強さ、命令の強さ、勧誘の強さを表す。ただし、これらの場合、話し言葉では「ゼッタイニ」や「カナラズ」を使うほうが自然である。

(34)　「ここで待ってて！　ママ千歳をきっと連れて帰るから…」
　　　　　　　　　　　　　　　　　　（山岸凉子『パイド・パイパー』）
(35)　「待っていな　きっとすぐエネルギーを補給してやるから」
　　　　　　　　　　　　　　　　　　　　　（手塚治虫『鉄腕アトム⑤』）
(36)　「私は誓いました　きっといつかロボットの天国を築いてみせるぞ
　　　………と!!」　　　　　　　　　　　（手塚治虫『鉄腕アトム⑪』）
(37)　お前は大きくなったらきっと安全ですばらしいのりものを発明して
　　　おくれ　　　　　　　　　　　　　　　　（手塚治虫『魔法屋敷』）
(38)　「おお元気が出たか　よしゆけ　アトムをさがしてきっと倒してこ
　　　い」　　　　　　　　　　　　　　　　　（手塚治虫『鉄腕アトム⑤』）
(39)　「あしたもきっときてくれよ」　　　　　　（手塚治虫『ブッダ⑩』）
(40)　明日もキット一緒に行こうね。

　ところで、文代名詞化テストにおいて、推量文に使われる「キット」は文

代名詞「それ」に含まれないが、意志文に使われる「キット」は文代名詞に含まれるという違いがある[5]。次の(41)でBは単に「太郎が逢いに来るかどうか」を聞いているにすぎないのに対し、(42)では「太郎が間違いなく逢いに来るかどうか」を聞いているという違いがある。

(41) A：太郎は<u>キット</u>逢いに来ますよ。(推量文)
　　 B：それは本当ですか。
　　　　　(それ＝太郎が逢いに来ること)
　　　　　(それ≠太郎がキット逢いに来ること)

(42) A：「百年、私の墓の傍に坐つて待つてゐて下さい。<u>屹度</u>逢ひに来ますから」(意志文)　　　　　　　　　　　　(夏目漱石『夢十夜』)
　　 B：それは本当ですか。
　　　　　(それ＝Aがキット逢いに来ること)
　　　　　(それ≠Aが逢いに来ること)

推量文と違い、意志文では話し手自身がその行為を行なうため、「キット」という発言も単なる思い込みではすまなくなる。そのため、意志の「キット」に対しては「キットだな！」といって相手の発言に対して責任を追及することができるのである。

6.2 「カナラズ」の2類型

次に示すように、森田(1989)は「カナラズ」を自然法則、論理、習慣等と関わる一と、個別的な出来事を表す二の2種類に分けている。しかし、すでに論じたように「常にある結果が成立する」ことと「話し手の強い断定を表す」こととは独立した概念である。

　　かならず〔必ず〕副
　　　　例外や当たり外れが一切なく、間違いなくその状況が成立すること。

㈠ ある条件を設定して、その条件が成立するときは例外なく、常にある結果が成立する場合。(中略)「朝になれば必ず日が昇る」「ワクチン注射をすれば必ずなおる」(後略)

㈡ "まちがいなくきっとそうなるはずだ"という話し手の強い断定を表すようになる。しかし、これは個別的な出来事に用いるので、結果によっては話し手に責任が帰せられる。「今度の試合は必ず勝ってみせる」とは言っても、負けることもありうる。それは当人のみが信じる「必ず」で、㈠のような客観性を持たない。このような「必ず」は「きっと」との置き替えが可能である。(後略) (森田 1989: 332)

これに対し、本書では、「カナラズ」は「ある事態が例外なく確実に成立することを表す」という意味を持ち、それが反復的文脈ではその事態が毎回確実に成立することを表し、一回的文脈ではその一回の事態がいかなる条件の下でも確実に成立することを表すと考える[6]。

［反復的文脈］ 場面1、場面2、場面3……あらゆる場面で成立
［一回的文脈］ 条件1、条件2、条件3……あらゆる条件の下で成立

たとえば、(43a)は「太郎が会社へ行く」という事態が昨日、今日、明日と例外なく成立することを表し、(43b)は「太郎が会社へ行く」という事態が雨が降ろうが、槍が降ろうが、何があろうが成立することを表す。

(43) a. 太郎は毎日カナラズ会社へ行きます。(反復的文脈)
　　 b. 太郎は明日はカナラズ会社へ行きます。(一回的文脈)

先行研究でも指摘されているように、「カナラズ」は「過去の一回的事態」、「状態性の事態」、「否定的事態」には使えない。

(44) *太郎は昨日はカナラズ会社へ行きました。(過去の一回的事態)

(45) *この店のケーキはいつ食べてもカナラズおいしい。(状態性の事態)
(46) *太郎はいつもカナラズ会社へ行きません。(否定的事態)

　佐治(1986)は「カナラズ」が否定的事態に使えない理由について、否定形も状態性であるため「カナラズ」と共起しないと説明している。しかし、なぜ状態性の述語と共起できないのかは不明のままである。これについて、丹保(1984)は「それは、「必ず」が「一定の条件でそうなる」ことを表し、「ない」が「状態性」を表すが故に、「ない」の中に「～なる」を感じ取りにくいからであろう(p.12)」と説明している。また、坂口(1996)は「否定的働きかけ文が"事態の非実現"を求めるいっぽう、「必ず」は100％の確実さで"実現すること"を表す。この両者の違いによって「必ず」は共起できないものと考えられる。「必ず」は、事態が実現して現実世界に現れることを表している(p.7)」と説明している。しかし、この説明でも依然なぜ「カナラズ」は「実現しないこと」を表さないのかは不明なままである。この点については本書でも明確な説明を与えるには至っておらず、ひとまず「カナラズ」は「実現すること」を表す場合にしか使えないことを認めるにとどめておく。そうすると、過去の一回的事態に「カナラズ」が使えない理由は、この場合過去の出来事を描写するにとどまり「実現すること」という動的な意味が入らないためであると考えられる。
　一方、「カナラズ」は過去の事態であっても反復的文脈の場合には使うことができる。その理由は、この場合の「カナラズ」は現在文と共起しているためである。(47)を例に説明すると、この文で「カナラズ」は［　］内の現在文の中で機能していると考えられる。この［　］内において、事態は決して既成のものではなく、「実現すること」という意味を表している。そのため、反復的文脈の場合は過去文でも使えるのである。

(47) a.　太郎は毎日カナラズ会社へ行きました。(反復的文脈)
　　　b.　＝［太郎は毎日カナラズ会社へ行き］ました。

一方、過去の一回的文脈の場合、「カナラズ」は過去文の中で機能する。そのため「実現すること」という意味と衝突して非文となるのである。

(48) *［太郎は昨日カナラズ会社へ行きました］。（一回的文脈）

6.3 「カナラズ」と「キマッテ」

次に「カナラズ」と「キマッテ」の違いについて分析する。両者は事態が確実に成立することを表すという点で共通する。

(49) a.　彼の天気予報はカナラズ当たる。
　　 b.　彼の天気予報はキマッテ当たる。

両者は(50)のように並べて使われることもある。

(50)　Kさんは寂しい笑いを浮かべた。どの死刑囚も必ず決まってこの瞬間には、顔面の筋肉をひきつらせたという。

（大塚公子『死刑執行人の苦悩』）

両者の違いは、一回的文脈の場合に「カナラズ」は成立しても「キマッテ」は成立しないという点にある。このことから、「キマッテ」は反復的文脈で使われる表現であることが分かる。

(51) a.　星がたくさんでている日の翌朝は、カナラズいい天気になる。
　　 b.　星がたくさんでている日の翌朝は、キマッテいい天気になる。
(52) a.　星がたくさんでているから、明日はカナラズいい天気になる。
　　 b. *星がたくさんでているから、明日はキマッテいい天気になる。

しかし、同じ反復的文脈でも(53)の「キマッテ」は「カナラズ」に置き換えることができるのに対し、(54)の「キマッテ」は「カナラズ」に置き

換えることができない。

(53) 鉄工所へ勤めるようになった奥野は、働いた金を全部母親に渡した。さらに勤めから帰宅後、漬物の行商に出かける。品物が売れ残ったまま帰宅すると、母親は｛決まって／カナラズ｝小言を言った。
　　　　　　　　　　　　　　　　（大塚公子『死刑囚の最後の瞬間』）

(54) だが、今年五月のIWC総会で、捕鯨再開を求める日本の提案はまたも厚い壁に阻まれた。反対国の主張は｛決まって／?カナラズ｝「ほ乳類のクジラを殺すな」である。「牛や豚ならいいのか」と言い返すとけんかになる。
　　　　　　　　　　　　　　　　（『中日新聞』1999.7.25 朝刊）

　これは(54)の述語となる「『ほ乳類のクジラを殺すな』である」が状態性の事態を表し、「カナラズ」の持つ「実現すること」という動的な意味と衝突するためである。したがって、先の(52a)も(55)のように状態性の文に変えると不自然な文となる。(55)が不自然ながらもいえるとすれば、「いい天気だ」を「いい天気になる」の意味で読み取っているためである。

(55) ?星がたくさんでているから、明日はカナラズいい天気だ。

　もう1つ「キマッテ」の特徴として挙げられるのは、「カナラズ」と違って未実現の事態を表す文には使えないという点である。事実、次のように未実現の事態を表す場合、「カナラズ」は使えるが、「キマッテ」は使えない。

(56) 明日から毎日｛カナラズ／＊キマッテ｝7時に起きるそうだ。
(57) 明日から毎日｛カナラズ／＊キマッテ｝7時に起きるだろう。

　一方、既成の事態を表す文には「カナラズ」も「キマッテ」も使える。

(58) 毎日｛カナラズ／キマッテ｝7時に起きたそうだ。

(59) 毎日｛カナラズ／キマッテ｝7時に起きただろう。

以上のことから、「キマッテ」は「既成の反復的な事態が確実に成立すること」を表す表現であることが分かる。これに対し、同じ事態成立の確実性を表す副詞でも、「カナラズ」は既成の事態にも未実現の事態にも使え、かつ一回的文脈にも反復的文脈にも使えるという特徴のあることが分かる。

7　第3章のまとめ

第3章では「キット」と「カナラズ」、および「キマッテ」の意味の違いについて考察した。各副詞の意味は次のとおりである。

　　「キット」(モダリティ副詞)
　　　事態の実現に対する話し手の強い信念を表す
　　　　（推量文、意志文、命令文、勧誘文で使われる）
　　　　（書き言葉では「例外なく」、「絶対に、間違いなく」の意味で使われることもある）
　　「カナラズ」(命題副詞)
　　　事態が例外なく確実に成立することを表す
　　　（「実現すること」という意味がある）
　　　　・一回的文脈：その事態がいかなる条件の下でも確実に成立することを表す
　　　　・反復的文脈：その事態がいつでも確実に成立することを表す
　　「キマッテ」(命題副詞)
　　　既成の反復的な事態が確実に成立することを表す

注

1 工藤（1982: 74）によると、単語の意味を用法の総体とする説のことである。
2 小林（1992）にも同様の指摘がある。
3 工藤（1982）もこうした用法は文語的であるとしている。
4 次の例では「キット」が反復的文脈に使われており、しかも「の」の連体修飾節に入っている。ただし、これは書き言葉に見られる古めかしい用法で、話し言葉では「カナラズ」や「キマッテ」を使うのが自然である。
   (i) 近松の心中物は、他の三点とともに、一昨年書いたものである。いつも執筆前には多少とも気込みはしても、脱稿した後では、きっと不満足を感じるのがほとんど定例のようで、今取り纏めたものにしても、例によって例のごとくなのであった。　（三田村鳶魚著　朝倉治彦編『近松の心中物・女の流行』）
5 文代名詞化テストは澤田（1978）による。
6 森山（1989）は「タブン」、「オソラク」、「十中八九」、「キット」は「命題内容に対する話し手の固有の捉え方を表すものである（p.81）」とし、「ダンジテ」、「ゼッタイ」、「カナラズ」は「命令文にも共起するので、むしろ、確実性の強調の意味と言えるかもしれない（p.93）」としている。

第4章 「キット」、「タブン」、「オソラク」の推論の違い

1 はじめに

森田（1989）をはじめ「キット」、「タブン」、「オソラク」は蓋然性の高さの違いによって説明されるのが普通である。しかし、「キット」は推量文のみでなく意志文、命令文、勧誘文、さらには知識表明文にも使われるのに対し、「タブン」と「オソラク」は推量文にしか使われないという違いがある。

（1） 毎日 ｛<u>キット</u>／＊<u>タブン</u>／＊<u>オソラク</u>｝学校に行った。（知識表明文）
（2） 明日は ｛<u>キット</u>／<u>タブン</u>／<u>オソラク</u>｝学校に行くだろう。（推量文）
（3） 明日は ｛<u>キット</u>／＊<u>タブン</u>／＊<u>オソラク</u>｝学校に行くぞ。（意志文）
（4） 明日は ｛<u>キット</u>／＊<u>タブン</u>／＊<u>オソラク</u>｝学校に行けよ。（命令文）
（5） 明日は ｛<u>キット</u>／＊<u>タブン</u>／＊<u>オソラク</u>｝一緒に学校に行こうね。（勧誘文）

　このような違いをもとに、第4章では「キット」、「タブン」、「オソラク」の意味の違いについて考察する。以下、まず2節と3節でこれらの副詞が使われる文の違いを明らかにする。これを受けて4節では推量文における確信度の違い、5節では話し手の持つ情報量の違い、6節では話し手の信念の違い、7節では文体差と事態の好ましさについて分析し、最後に8節で本章のまとめをする。

2　副詞と文末表現の共起

はじめに本書で扱う副詞がいかなる文末表現と共起する傾向にあるのかを分析する。調査には日本語用例・コロケーション抽出システム「茶漉」一般公開版 (http://tell.fll.purdue.edu/chakoshipub/) を使用した[1]。ここにはインターネット電子図書館「青空文庫」(http://www.aozora.gr.jp/) 所収の作品のうち、①著作権が切れているもの、②日本人作家によるもの、③散文のもの（小説、童話、評論、随筆）、④旧字体・旧仮名遣いでないものの 4 つの基準をクリアしたものが収められている（総形態素数 8,370,720）。これを利用して各副詞と文末表現の共起について調査した結果を表 4–1 に示す。

　なお、「ドウモ」については (6)、(7) のように推量なのか婉曲なのか判断が難しい表現が多数出現するため、表 4–1 には入れなかった[2]。

(6)　どうも、なんだね、あたしたち、男運がわるいようだね。
　　　　　　　　　　　　　　　　　　　　（青空文庫、太宰治『火の鳥』）
(7)　うむ、どうも私の茶道も未だいたっておらんらしい。
　　　　　　　　　　　　　　　　　　　　（青空文庫、太宰治『不審庵』）

　「ドウヤラ」も (8) のように推量なのか「どうにかこうにか」の意味なのか判断に迷う表現が多数出現するが、「どうにかこうにか」の意味で解釈できるものは命題用法として分類した。

(8)　トマトさんだけは、どうやら、実を結んだようね。
　　　　　　　　　　　　　　　　　　　　（青空文庫、太宰治『失敗園』）

表 4-1　副詞と文末表現の共起（数字は出現数を示す）

	ダ/φ	カモシレナイ	ニチガイナイ	ヨウダ	ラシイ	ダロウ	マイ	古語	デハナイカ	命題用法 一回的	命題用法 複数的	意志用法	命令用法	勧誘用法	文末なし	その他	合計
キット	321	0	145	0	1	166	3	0	4	21	109	157	27	1	1	8	964
タブン	86	7	10	1	9	240	12	1	10	0	0	0	0	0	9	0	385
オソラク	51	7	30	0	7	303	34	3	17	0	0	0	0	0	0	0	452
サゾ	14	0	1	0	0	175	1	2	0	0	0	0	0	0	3	0	196
モシカスルト	10	84	2	0	1	1	3	0	54	0	0	0	0	0	11	8	174
ドウヤラ	61	4	0	46	73	1	0	0	6	64	0	0	0	0	2	44	301
タシカ	102	1	1	1	1	13	0	0	1	0	0	0	0	0	5	55	180
マサカ	57	1	0	0	0	52	102	0	0	5	0	0	0	0	73	134	424

［キット］その他：ニキマッテイル (8)　意志用法：157 例のうち聞き手の意志を表すものは 21 例
［タブン］古語：ベシ (1)　［オソラク］古語：ム・ベシ・ジ (各 1)　［サゾ］古語：ム・ベシ (各 1)
［モシカスルト］その他：カナ・ナイトモ限ラナイ (各 2)、カ・カシラ・デハナイ・ナクハナイ (各 1)
［ドウヤラ］命題用法：「どうにかこうにか」の意味 (64)　その他：ソウダ (20)、ヨウニ思ウ (4)、ヨウナ気ガスル・ヨウニ思ウ (各 3)、トニ見エル (2)、ヨウナ心持チガスル・ヨウナ様子ダ・ヨウニ感ジル・トニ思ウ (各 1)
［タシカ］ダ/φ (102) の内訳：現任形 (30)、タ (71)、古語ン (1)　タカモシレナイ (1)、ニチガイナイ (1)、タヨウダ (1)、ラシイ (1)、ダロウ (6)、タダロウ (7)、デハナイカ (1)　その他：ルベスズダ (11)、タベスズダ (5)、ト覚エテイル (15)、ト聞イタ (10)、ト言ッタ (9)、ト記憶シテイル (4)、トハ言エナイ (7)、トニ気付カナイ (6)、トニ想像シナイ (3)、ワケニイカナイ (24)、ハズガナイ (6)、ワケガナイ (5)、ワケニワナイ (45)、ナイ (各 1)　マイ：表の 102 例のほか「その他」に 24 例含まれる：ワケデハアルマイ (18)、ワケニイクマイ (3)、トハ期待シナイ・トハ書カマイ (1)、トハ言エマイ (1)
［マサカ］命題用法：マサカの時 (5)　その他：ワケデハナイ (31)、ワケニイカナイ (31)、トハ知ラナイ (3)、トハ想像シナイ (3)、トハ期待シナイ・トハ計画シナイ・トハ書カナイ (各 2)、ワケニイクマイ (3)、ワケデハアルマイ (18)、ワケニイクマイ (3)、ワケガアルマイ (1)、トハ思ウマイ (1)、トハ言エマイ (1)

3 「キット」、「タブン」、「オソラク」の使われる文

森田(1989)、小学館辞典編集部(1994)、飛田・浅田(1994)などでは「キット」は「タブン」や「オソラク」に比べて蓋然性の高いことを表す表現であると説明されている。

> **おそらく　たぶん**
> 　両語とも「きっと」に比べて弱い推量。「恐らく」は丁寧な文体に用いられる。(森田 1989: 374)

> 　二語(杉村注:「タブン」と「オソラク」)の表わす可能性は、「きっと」や「絶対」ほど高くなく、「もしかしたら」「ひょっとしたら」よりは高い。(小学館辞典編集部 1994: 868)

> 　「たぶん」は「おそらく」より実現の可能性が低く、「きっと」は実現の可能性について確信をもっている様子が暗示される。
> 　　　　　　　　　　　　　　　　　　(飛田・浅田 1994: 101)

しかし、表4–1にも示されるように「キット」は推量文のみでなく意志文、命令文、勧誘文にも使われ[3]、書き言葉では知識表明文にも使われる。一方、「タブン」と「オソラク」は推量文にしか使われないという違いがある。したがって、これらは単に推量の強弱だけでは説明できないと考えられる。

「キット」は書き言葉において知識表明文にも使われる。その場合、「カナラズ」と同じように事態が例外なく確実に成立することを表す。(9)は反復的文脈の例、(10)は一回的文脈の例である。

(9)　あたし、この半襟かけてお店に出ると、きっと雨が降るのよ。
　　　　　　　　　　　　　　　　　(青空文庫、太宰治『火の鳥』)

(10) 「(前略)きょう中には<u>きっと</u>金のはいるあてがあるんだから」
(青空文庫、岡本綺堂『半七捕物帳　鷹のゆくえ』)

　このうち、反復的文脈の場合は既定の事態を述べるのに使われるのが基本であるのに対し、一回的文脈の場合は未定の事態を述べるのに使われるのが基本である。一回的文脈の場合、事態実現の確実性に話し手の強い期待の気持ちが加わる。この点で推量、意志、命令、勧誘用法の「キット」と共通する。このことから、「キット」は推量、意志、命令、勧誘、さらに命題的な「確実性」を包括する副詞であることが分かる。したがって、「キット」は「事態の実現に対する話し手の強い信念を表す」という意味が基底にあり、使われる文の違いによって、推論的判断の確信度の高いこと、意志表明の強いこと、命令態度の強いこと、勧誘態度の強いこと、事態成立の絶対性を主張することなどの意味が伴うと考えられる[4]。

　これに対し、「タブン」と「オソラク」は推量文のみに使われる。推量文において「キット」、「タブン」、「オソラク」は「ダ／φ」や「ダロウ」と共起しやすく[5]、「カモシレナイ」、「ヨウダ」、「ラシイ」とは共起しにくい[6]。第2章で論じたように、「カモシレナイ」は複数の事態の成立可能性が同時に存在することを認める表現である。したがって、これらの副詞は推量文において同時に複数の事態を認めることができず、1つの事態の成立可能性しか認めないことが分かる。一方、「ヨウダ」、「ラシイ」は根拠に基づく推論を表す表現であることから、これらの副詞は根拠の存在を前面に押し出した推論には使われにくいことが分かる。

4　推量文における確信度

推量文において「キット」は当該の事態の成立が確実であると推論する「ニチガイナイ」とも共起する。これに対し、「タブン」は「ニチガイナイ」とは共起しにくいため、「キット」より確信度が低いと考えられる。また、「オソラク」は「タブン」よりは「ニチガイナイ」と共起しやすいため、幾分「タ

ブン」より確信度が高いと考えられる。この点について、劉 (1996) は (11) を根拠にして、以下のように説明している。

(11) a.　不測の事態が起きない限り、まず、これで大丈夫だ。
　　 b.　?不測の事態が起きない限り、おそらく、これで大丈夫だ。
　　 c.??不測の事態が起きない限り、たぶん、これで大丈夫だ。

(劉 1996)

　「不測の事態が起きない限り」という表現がある場合、「まず」は問題なく使えるが、「おそらく」は不自然であり、「たぶん」はさらに不自然である。「不測の事態が起きない限り」という表現は、普通の状況における事柄の実現に対して、話し手の強い確信度を表すものであるから、「まず」、「おそらく」、「たぶん」はこの順で、より強い確信度を表すと考えられる。

(劉 1996: 56–57)

　たしかに、「キット」、「タブン」、「オソラク」には確信度の違いが感じられる。しかし、これらの副詞には確信度だけでは説明のできない違いがある。次にこの点について論じる。

5　話し手の知りうる事態、知りえない事態

次の会話文において、2つ目の文の話し手は自分自身が描いた絵について聞かれて「たぶん」と答えている。しかし、自分で描いた絵について「タブン」を使うと、他人事のように聞こえるため不自然である。そのため3つ目の文で「タブン?」と聞き返している。

(12)　(2番目の文の話し手が描いた絵を見ながら会話している場面)
　　　「それで、ここなんだけど。これは、木に蔦が絡みついてるの?」
　　　「ええ……たぶん、そうです」

「たぶん？」

(貴志祐介『十三番目の人格—ISOLA—』)

　第1章で論じたように推論は話し手の認識が不確定の場合に行なわれる。通常話し手が描いた絵については話し手が一番よく知っているはずであるため、(12)で「タブン」を使うと不自然になる。実は、(12)の2つ目の文は多重人格者がもう一人の自分の描いた絵について語ったものである。そのため、他人事のようにして推論できるのである。次の(13)も同様である。

(13)　「これ、あなたが描いた絵よね？」
　　　「……たぶん」
　　　返事も、何となく頼りない。
　　　「おぼえてないの？」
　　　「いえ。おぼえています」

(貴志祐介『十三番目の人格—ISOLA—』)

　このように、話し手自身の知りうるはずの事態について「タブン」を使うと、不自然な表現になる。これは「キット」や「オソラク」でも同じである。
　一方、話し手の知りえない事態や、はっきり覚えていない事態の場合、「タブン」と「オソラク」は比較的自由に使うことができる。しかし、「キット」は単に事態の真偽を推論するだけの場合には使いにくいという違いがある。

(14)　「これ、あなたのママが描いた絵よね？」
　　　「……｛?キット／タブン／オソラク｝」
(15)　はっきりとは知らないが、太郎と花子が知り合ったのは｛?キット／タブン／オソラク｝3年前の夏だと思う。

　「キット」が使えるのは、推論の対象が話し手の知りえない事態で、かつ話し手がその事態の「実現」に強い信念を抱いている場合である。

(16) 「今年の運動会、あなたのママ来てくれるよね？」
　　　「……｛キット／タブン／オソラク｝」
(17) 私の推測に間違いがなければ、太郎と花子が知り合ったのは｛キット／タブン／オソラク｝3年前の夏だと思う。
(18) 新しい自分は、<u>きっと</u>ここにある。
　　　　　　　　　　　　　　　　（「名鉄スポーツクラブ」車内広告）

　「キット」が事態の実現に対する話し手の強い信念を表すと考えると、「キット」が意志の用法をもつことも説明可能となる。(19)で「タブン」や「オソラク」を使うと、「確実なことは言えないけど、私は来週の会議には出席できると思います」の意味で推論の解釈となる。

(19) 私は来週の会議には｛キット／タブン／オソラク｝出席します。

　一方、「キット」を使うと推論よりも意志の解釈が強くなる。これは「キット」が事態の実現に対する話し手の強い信念を表すことから説明できる。すなわち、(19)の「出席する」は話し手の意志でコントロールできる行為であり、その行為について強い信念を持つということは、単なる推論ではなく話し手にその行為を行なう決意があることを示す。そのため、話し手の意志でコントロールできる行為に対して「キット」を使うと意志の解釈になるのである。その反対に、(20)の「生きられる」のように話し手の意志でコントロールできない事態の場合には、「キット」、「タブン」、「オソラク」のいずれも推論の解釈となる。

(20) 「わしはな　あと｛キット／たぶん／オソラク｝四十歳ぐらいは生きられる」　　　　　　　　　　　　　　　（手塚治虫『ブッダ⑩』）

　このように「キット」には事態の実現に対する話し手の強い信念がこめられている。次にこの点についてもう少し詳しく論じる。

6　事態の実現に対する信念

次の (21) と (22) において、「キット」と「タブン」を置き換えると元の文に比べて不自然な文になる。まず (21) は「確実なことは言えないけど、何もしてやれない」と軽く推論しているだけで、格別そのことに信念をもっているわけではない。このような場合には「キット」は使いにくい。一方、(22) は「わかってもらえる日」の来ることに話し手の強い期待がこめられている。このような場合には「タブン」は使いにくい。

(21)　｛たぶん／?キット｝何もしてやれない　だけど今そばにいてあげるよ　　　　　　　　　　　　　　　　　　　　（池田貴族『MiYOU』）
(22)　｛きっと／?タブン｝わかってもらえる日まで僕はまってるいつまでも　　　　　　　　　　　　　　　（菅原芙美恵『あの時君は若かった』）

　また、仮に (21) において話し手が「何もしてやれない」ことに信念をもっていたとしても、「キット」を使うと他人事のように聞こえてしまう。しかし、これが第三者のことや、今の自分とは切り離されて相対化された自分のことであれば「キット」も使えるようになる。このように、「タブン」と「オソラク」が話し手の今現在の境遇について推論できるのに対し、「キット」はそれができないという違いがある。このことから、「キット」による推論は話し手の今現在の境遇とは離れた事態について行なわれるものであることが分かる。

(23) a.　僕は今は ｛?キット／タブン／オソラク｝君に何もしてやれない。
　　 b.　彼は今は ｛キット／タブン／オソラク｝君に何もしてやれない。
(24) a.　僕は来年になっても ｛キット／タブン／オソラク｝君に何もしてやれない。
　　 b.　彼は来年になっても ｛キット／タブン／オソラク｝君に何もしてやれない。

(25) 「淋しいのは、お母さんよ、{きっと/タブン/オソラク}」

(吉本ばなな『TUGUMI』)

次の(26)はある人物を犯人と決めつけたいとする話し手の心情を描いたものである。この場合、「キット」を「タブン」や「オソラク」に変えると許容度が落ちる。これは「キット」には事態の実現に対する話し手の信念がこめられているが、「タブン」や「オソラク」にはそれがないためである。

(26) 「なぜこの人が犯人だとわかるんです？」
「こいつはものがいえない目も見えないんで」
「目が見えないものがいえないそれだけで犯人と決めつけるのか！」
「証拠なんかねえすよ　でもこいつの顔を見てください　{きっと/?タブン/?オソラク} 犯人でさあ！」
「それではあなたは人を見かけだけで判断するのですか？」
「そうでさあ　みにくいヤツはどうせ悪いやつに決まってら」

(手塚治虫『ブッダ⑧』)

森田(1989)をはじめ、一般に「キット」は「タブン」や「オソラク」よりも確信度の高い推論を表すとされているが、それは「キット」が事態の実現に対する信念を表すところから来る二次的な意味であると考えられる。なお、先行研究の中には「キット」について「話し手の期待」を表す(工藤1982)、「強い確信や期待を示す」(小林1992)、「行為を実現させるという自分の期待を強調する」(森本1999)のように「期待」という言葉で説明したものもある[7]。しかし、「期待」というと話し手にとって好ましい事態のように聞こえるため、本書では「信念」という用語を使うことにする。

(27) a.　私はキット幸福な人生を歩むでしょう。(好ましい事態)
　　 b.　私はキット不幸な人生を歩むでしょう。(好ましくない事態)

7 文体差、好ましくない事態

先行研究の中には「キット」、「タブン」、「オソラク」の違いについて「文体差」や「好ましい事態かどうか」によって説明しているものもある。まず「文体差」について見ると、飛田・浅田 (1994) は「オソラク」について「ややかたい文章語で、あらたまった会話などでは「たぶん」のかわりに用いられることも多い (p.101)」と説明し、森田 (1989) は「タブン」と「オソラク」について「両語とも「きっと」に比べて弱い推量。「恐らく」は丁寧な文体に用いられる (p.374)」と説明している。劉 (1996) も「「たぶん」は通常話し言葉で使われるのに対して、「おそらく」は、文章語として、あるいはあらたまった場面で使われる (p.58)」としている。

　たしかに、「オソラク」はあらたまった場面で使われることが多い。実際、次のようにくだけた場面では、「キット」や「タブン」は自然に使えるが、「オソラク」は相対的に許容度が落ちる。

(28)　あたしという人間がそこにいたことも、
　　　みんなの記憶から、忘れ去られてしまうんだ。
　　　一人一人の、存在の重さなんて、
　　　その程度のものなんだよね。
　　　{きっと／タブン／?オソラク} …。
　　　　　　　　　　　　　（折原みと『桜の下で逢いましょう』）

　もちろん (29) のように軽い話し言葉で「オソラク」が使われることもあるが、その場合、わざと勿体ぶった言い方をしているように聞こえる。

(29)　「でもバーゲンに行ったってことはおそらく夕方まで帰ってこないぞ」　　　　　　　　（臼井儀人『クレヨンしんちゃん⑤』）

　次に「オソラク」が「好ましくない事態」に使われるとする先行研究の指

摘について検討する。飛田・浅田（1994）は「オソラク」について「危惧や疑問の暗示を伴って推量する様子を表すことが多い。好ましい事柄の可能性を推量する場合には、ふつう「たぶん」「きっと」などを用いる(p.101)」とし、小林（1980）も「ある事柄に対する話者の消極的で控えめな判断(p.21)」を表すとしている。小林（1980）は(30)を根拠に、「キット」を使うと家族は安心するが、「オソラク」を使うと不安は隠せまいと説明している。

(30) A. だいじょうぶでしょうか、先生。
　　 B. （イ）ええ、きっと治るでしょう。
　　　　 （ロ）ええ、おそらく治るでしょう。

　しかし、実際は必ずしもそうとは限らないと思われる。「キット」のほうが安心できると感じる人は、「キット」のもつ「事態の実現に対する話し手の強い信念」という意味により、医者が強い信念を抱いているのなら治る確率も高いであろうと判断するためである。しかし、「キット」は直感的な推論を表すため、単なる気休めの言葉ととられる可能性もある。一方、「オソラク」は根拠に基づく推論を表すため、客観的な診断による発言であるという安心感が生じる可能性もある。「キット」と「オソラク」のどちらが好ましい事態に使われるかということは、一概にはいえないと思われる[8]。
　先行研究でも指摘されているように、「オソラク」は文章語的で、論文、報告書、ニュースなど根拠を必要とする推論場面で使われる[9]。その場合、推論が話し手の単なる思い込みではなく、何らかの根拠に基づくものであるという印象を与える。そういう意味で小林（1980）のいうように「ある事柄に対する話者の消極的で控えめな判断」を表している。

(31)　金日成の頭のなかに武力統一の構想が芽ばえたのはいつからだろうか。さまざまの状況から、おそらく一九四八年の秋から冬にかけてではないかとみられる。
　　　　　　　　（萩原遼『朝鮮戦争　金日成とマッカーサーの陰謀』）

(32) 資料を探すように支持はしたものの、私は本当に出てくるかどうかは五分五分だなと思っていた。おそらくすでに処分されているか、あるいは関係者の一人である郡司元課長が次の職場である東大に持って行ってしまっているのではないかとも考えていた。（菅直人『大臣』）

次の場合には「オソラク」以外の副詞は使いにくい。(33)は多重人格の森谷千尋について専門家が見解を述べる場面である。森谷千尋には十三の人格が宿っており、そのうち磯良（いそら）という人格がどのようにして生まれたのかを分析して述べた発言である。このように何らかの根拠に基づく客観的な推論を述べる場合には「オソラク」が使われやすい。

(33) 「あなたが、いいかげんなことを言っているんじゃないことは、よくわかったわ。森谷千尋さんについては、危険な人格という一点を除いては、私も、ほぼ同じ認識を持っています。その、磯良という人格については、{おそらく／*キット／?タブン} 入院後に生まれたと考えられるわね。大震災が引き金になったという可能性だって、十分考えられるし」　　　　　（貴志祐介『十三番目の人格―ISOLA―』）

この点で直感や思い込みによる推量を表す「キット」や「タブン」とは対照的である。

8　第4章のまとめ

第4章では「キット」、「タブン」、「オソラク」の違いについて考察した。「キット」は推量文のみでなく意志文、命令文、勧誘文にも使われ、書き言葉では知識表明文にも使われる。一方、「タブン」と「オソラク」は推量文にしか使われない。各副詞の意味は次のとおりである。

「キット」

事態の実現に対する話し手の強い信念を表す
「タブン」
　　　推論において直感的にある1つの帰結を導き出したことを表す
「オソラク」
　　　推論において根拠に基づきある1つの帰結を導き出したことを表す

注
1　「茶漉」はインターネット上で使える日本語用例・コロケーション抽出システムである。パデュー大学の深田淳先生および名古屋大学大学院生の寺島啓子、萩原由貴子、寺島佳子さんによって開発された。一般公開版には「青空文庫」と名古屋大学（当時）の大曾美恵子先生を中心に作成した「名大会話コーパス」が収められている。「茶漉」完版版には「毎日新聞1991年〜1999年」、「寅さんシナリオ」、「講談社ブックス」も収められているが、著作権の関係上一般公開はされていない。（2007年12月28日現在）
2　「茶漉」の「青空文庫」で「ドウモ」を検索した結果1,781例出現した。しかし、この中には「どうもしょうがない」のようにモダリティ副詞の「ドウモ」なのか命題的な「どのようにも」の意味なのか判別しにくいものもある。また、「どうもすみません」の「ドウモ」は元の「認識の不確定」の意味が薄れているため挨拶用語として別に扱ったほうがよいと思われるが、「どうも面目次第もない」の「ドウモ」は「認識の不確定」の意味が感じられるため、「ドウモ変だ」の「ドウモ」と同じに扱ったほうがいいのか、挨拶用語の「ドウモ」と考えたほうがいいのか判断に迷うところである。一応、「ドウモ」と特徴的な文末形式との共起数を示しておくと、「カモシレナイ」4例、「ニチガイナイ」3例、「ヨウダ」45例、「ヨウナ〜・ヨウニ〜」24例、「ラシイ」145例、「ミタイダ」1例、「ダロウ」4例、「マイ」5例、「デハナイカ」3例、「ソウダ」11例であった。
3　勧誘用法の例は次のとおりである。
　　(i)　今夜きっと会いましょうと口約束した待ち人がな。
　　　　　　　　　（青空文庫、佐々木味津三『右門捕物帖　左刺しの匕首』）
4　同様の考え方は石神（1987）にも示されている。石神（1987）は「陳述副詞「きっと」は、程度の極大ということがら的意味を共通項にして、断言・推量・意志・願望という陳述的要素が加わることによって、それぞれの陳述副詞としての意味を表現しているものと考えることができよう（p.100）」としている。なお、石神（1987）のいう「断言」は「きっと雨が降る」のようなもの、「願望」は「きっと来て下さい」のような

ものを指す。本書と石神（1987）の違いは、石神（1987）が程度の極大という意味を命題的なものと捉えているのに対し、本書では話し手の期待というモダリティ的なものと捉えている点にある。石神（1987）は「キット」について、「ある環境で唯一とりあげられる事態が実現する確率がほとんど百パーセントであることが表現されていると考えられる（p.100）」としているが、本書ではこうした意味は「カナラズ」や「ゼッタイニ」によって表されると考える。

5 先行研究では「タブン」が「ダ／φ」と共起するのを不自然であるとするものもある。これに関して工藤(1982)は次のように論じている。本書でも「タブン〜ダ／φ」は「タブン〜ダロウ」とは別の表現であると考える。

　　たとえば「たぶんあしたは晴れる。」や「たぶん晴れそうだ」などを＜たぶん…だろう＞の呼応の乱れとするような、あまりにも形式主義的（かつ規範主義的）な傾向と、その裏返しとしての、「本来陳述副詞はどんな述語と呼応するのが標準的な用法か、ということについて、あまり厳格なことは言えないような感じもする」というような、良心的ではあるが、懐疑的・消極的な傾向とを、同時に克服したいためでもある。　　　　　　　　　　　　　　　　　　　　　　（工藤1982:61）

6 小林幸江（1980）は「キット」と「ラシイ、ヨウダ」は共起しないとしている。一方、小林典子（1992）は「キット」と「ラシイ、ヨウダ」の共起は判定に揺れがあるとして、その理由について「「きっと」が蓋然性の高いことを示しているのに、〜ラシイはそれが弱いためにおかしく感じるのだろう（p.8）」と述べている。

7 ただし、これらの研究は「期待」という特徴について、本書のような考察を行なっているわけではない。

8 劉（1996）も「「おそらく」にこの特徴を認めるべきか否かに関しては、今後さらに詳しく検討したい（p.66）」として、慎重な態度をとっている。

9 ちなみに「茶漉」の「名大会話コーパス」からは、「キット」は171例、「タブン」は580例、「オソラク」は9例出現した。

第 5 章　共感的推論を表す「サゾ」

1　はじめに

小林(1980)や森田(1989)など「サゾ」は推論を表す副詞の 1 つに数えられ、「他人の、あるいは未知の経験に対し共感・想像する気持ちを強める」とされている[1]。次の(1)は他者である「彼」の心情、(2)は話し手にとって未知の経験である「今年の夏の気温」について推論した表現である。

（1）　彼は今頃サゾ喜んでいることだろう。
（2）　この分だと今年の夏はサゾ暑くなるだろう。

　しかし、同じ他者の心情や未知の経験でも、次のような場合には「サゾ」でなく「キット」を使わなければならない。(3)の「諦める」は「諦めの気持ち」といえることからも分かるように、人の心情を表す表現であることに違いはない。しかし、従来このような点については説明されてこなかった。

（3）　彼は今頃 { *サゾ／キット } 諦めていることだろう。
（4）　この分だと今年の夏は { *サゾ／キット } 暑くならないだろう。

　そこで第 5 章では「サゾ」[2]の使用条件について考察し、「キット」との違いを明らかにする。以下、2 節で先行研究について検討し、「サゾ」には話し手の共感を示す面と事態の程度性と関わる面があることを見る。次に

3節で時制や人称の観点から「サゾ」が話し手の共感をどう表すのかを考察し、4節で進展性の観点から「サゾ」が事態の程度性とどう関わるのかを分析する。最後に5節で本性のまとめをする。

2 先行研究

2.1 小林（1980）

小林（1980）は「サゾ」について、「述語のもつ「程度性」に対する推量判断（p.21）」を表すと定義した。その理由について、「サゾ」は（5）のように述語成分に程度性のないものとは共起せず、（6）のように程度性のあるものとしか共起しないためであると説明している。

(5) a. ＊さぞこのタイプの女性はあきらめないのだろう。
　　b. ＊さぞ全面撤退はないだろう。
　　c. ＊さぞこれが父の健康に関して二人へやる最後の音信だろう。
(6) V：驚く、喜ぶ、困る、いやな気がする、手柄顔に話す、気を悪くする、勉強家のように見える
　　A1：おかしい、寒い、おもしろい、気のいい
　　A2：めいわく、安心
　　N：おかんむり

しかし、(5a)の「諦めない」に程度性がないとしても、「諦める」なら「少し諦める」、「完全に諦める」のように程度性があると考えられるし、(5b)の「全面撤退はない」に程度性がないとしても、「撤退する」なら「少し撤退する」、「かなり撤退する」のように程度性があると考えられる。それにもかかわらず、「諦める」や「撤退する」は「サゾ」と共起しない。このような点について上の定義からは説明できない。

（7）a. ＊サゾこのタイプの女性はあきらめるだろう。
　　　b. ＊サゾ撤退するだろう。

　小林（1980）の程度性による説明は魅力的である。しかし、何をもって程度性の有無をいうのか、その基準を示す必要がある。

2.2　森田（1989）

森田（1989）は「サゾ」を「話し手の現在認知できない条件に対して、その立場にある状態を推測的に想像し、推量判断を下すときに用いる（p.488）」と定義し、次の条件の下で使われることを指摘した。

一　他所・他者の現在の状況
　　a.　離れた場所の状況や環境条件
　　　　「御地は南国ゆえさぞ暑いことでございましょうね」
　　b.　他者の置かれた環境条件
　　　　「彼も教頭職に就いて、さぞ多忙を極めていることだろう」
　　c.　他所・他者の状態
　　　　「お嬢様もさぞお奇麗におなりあそばされたでしょうね」
　　d.　他者の感情・感覚など
　　　　「日本に着いたばかりで、さぞお疲れでしょう」
二　他所・他者の過去の状況（二にも a〜d が見られる）
　　　　「戦後しばらくはさぞ食糧難に悩まされたことだろう」

　さらに「サゾ」は二人称にも三人称にも使えること、推測する契機があること、過去・現在、ないしは現在までの状態であること、その状態を話し手は現在未知未見であること、共感や同情の気持ちの伴う場合が多い、といった条件が前提となって使われることを指摘した。しかし、次の(8)、(9)のように「サゾ」は一人称の事態や、未来の事態についても使われる。このような例についても考える必要がある。

（8） こんなにいい夜は、裸になって、ランニングでもしたらさぞ愉快だろうと思うなり。　　　　　　　　　　　　（林芙美子『放浪記』）
（9） 結婚式は生家ですることになっていた。田舎の結婚式だからさぞかし賑やかなことであろう。　　　　　　　（新田次郎『孤高の人』）

2.3　森本（1994）

森本（1994）は「サゾ」と「キット」を比較して、「サゾ」には次のような共起制限があることを指摘している。（いずれも「キット」なら適格となる）

(a) 高い蓋然性を示す構文（「だろう」構文、「ちがいない」構文）には現れるが、基本的平叙文には現れない[3]。
(b) 「さぞ」と共起する文は肯定文でなければならない。
　　　＊彼はさぞ悲しんでいないだろう。
(c) 「さぞ」と共起する文は非行為文（non-action）でなければならない。
　　　＊彼はさぞ行くだろう。

また、森本（1994）は(10)において「サゾ」を「ヒジョウニ」や「タイヘン」に置き換えても許容度が変わらないことを根拠にして、「サゾ」は「可能性の程度の高いことを示すとともに、文の内容の、質、量的に測定可能なある一部を強調するという複合的な特徴を持つ(p.70)」とし、その強調機能が語用論的に「共感」という意味と結びつくとしている。

(10) a. ＊彼はさぞ来る。
　　 b.　彼はさぞ悲しんでいるだろう。
　　 c.　この映画はさぞおもしろいだろう。
　　 d.　このまちはさぞにぎやかになるだろう。
　　　　　　　　　　　　　　　　　　　　　　（森本1994）

しかし、「文の内容の、質、量的に測定可能なある一部を強調する」とい

うのは何を強調するのかよく分からないし、「強調機能が語用論的に共感と結びつく」というのもなぜなのか説明がない。むしろ「サゾ」は第一に話し手の共感を表すと捉え、そこから強調機能を説明したほうがよいと思われる。

2.4　小学館辞典編集部（1994）

小学館辞典編集部（1994）は「サゾ」について、「推量を表わす文に用いられ、話し手が現在推測できない事柄を実感を伴って想像するときに用いる語（p.1011）」であると定義し、「「さぞ」は、主に現在および過去の、話者の推測の及ばない事柄を推量するときに用いるのに対して、「さだめし」は、未来のこと、仮想した事柄についても用いられる」と説明している[4]。しかし、先の(8)、(9)にも示したとおり、「サゾ」は未来のこと、仮想した事柄にも使われるため、この点についての修正が必要である。

2.5　飛田・浅田（1994）

飛田・浅田(1994)は「サゾ」について、「程度がはなはだしいことを推量する様子を表す。ややプラスイメージの語。推量の表現を伴う述語にかかる修飾語として用いられる。(中略)自分の関係する以外の相手の様子や物の状態などの程度のはなはだしさを推量するというニュアンスがあり、同情の暗示を伴う。自分自身の状態については用いられない(p.166)」と説明している。たしかに、(11)を見るかぎり、同じ程度の甚だしさを表す「ドンナニ」が一人称の事態にも使えるのに対し、「サゾ」を使うと非文になる。

(11) a.　*第一志望に受かって私はさぞうれしかったことだろう。
　　 b.　 第一志望に受かって私はどんなにうれしかったことだろう。

(飛田・浅田 1994)

　しかし、(12)では「サゾ」が一人称の事態にも使われている。したがって、「サゾ」がどのような場合に一人称の事態に使え、どのような場合に一人称の事態に使えないのかを考える必要がある。

(12) 　<u>私</u>は自分の傍にこうじっとして坐っているものが、Kでなくって、御
　　　嬢さんだったら<u>さぞ</u>愉快だろうと思う事が能くありました。

（夏目漱石『こころ』）

2.6　分析の視点

先行研究では「サゾ」の意味特徴として、①共感の意味が入る、②程度性のある事態に用いられる、③現在と過去の事態に用いられる、④二人称や三人称の事態に用いられる、ということが記述されてきた。しかし、「サゾ」は一人称の事態や未来の事態にも使われるし、「程度性」という概念も曖昧に用いられてきた。以下、これらの点について考察する。

3　話し手の共感

3.1　文末形式との共起

従来、「サゾ」は推量を表すモダリティ副詞の1つに数えられてきた。以下のテストからも分かるように、「ヒジョウニ」が命題として真偽の対象となるのに対し、「サゾ」は真偽の対象とはならない。したがって、「サゾ」はモダリティ副詞であると考えられる。

(13) a.　入学試験は　{*<u>サゾ</u>／<u>ヒジョウニ</u>}　難しいわけではない。
　　　b.　入学試験は　{*<u>サゾ</u>／<u>ヒジョウニ</u>}　難しいのですか。

　次にCD-ROM版『新潮文庫の100冊』のうち日本人作家による67冊を対象に、「サゾ」と文末のモダリティ形式との共起について調査した。その結果、全144例中「ダロウ」と共起したのは132例、「ニチガイナイ」と共起したのは4例、「ト思ウ」と共起したのは2例、その他は6例であった[5]。これら144例はいずれも推量の文脈で使われている。

　従来「キット」と「サゾ」は類義語として扱われることが多かった。しかし、「キット」が推量文、意志文、命令文、勧誘文のいずれにも使えるのに

対し、「サゾ」は推量文にしか使えないという違いがある。また、同じ推量文でも「サゾ」は動作性の事態には使いにくいという特徴がある。

(14) a. 明日は｛キット／*サゾ｝学校に行くだろう。(推量文)
   b. 明日は｛キット／*サゾ｝学校に行くぞ。(意志文)
   c. 明日は｛キット／*サゾ｝学校に行けよ。(命令文)
   d. 明日は｛キット／*サゾ｝一緒に学校に行こうね。(勧誘文)
(15) 入学試験は｛キット／サゾ｝難しいだろう。(推量文)

　また、「サゾ」は「ダ／φ」と共起しにく点で「キット」とは違いが見られる。これは「サゾ」による推論があくまでも共感によるものであり、確言できないためであると考えられる。

(16) a. 入学試験はサゾ難しいダロウ。
   b. *入学試験はサゾ難しいφ。

　また、「サゾ」は話し手の確信による推論を表す「ニチガイナイ」とも共起するが、実例はあまり多くない。

(17) その日以来、原稿を書くのを一時休んで、日夜営々として礼節を学んだ、今年、東京で出会う友人たちが、さぞかし驚くにちがいないと、今から楽しみである。　　　　　　　(五木寛之『風に吹かれて』)

　以上、「サゾ」は状態性の事態に対する慨言的な推論を表すことを指摘した。

3.2　共感

森本(1994)は「サゾ」と「キット」を比較して、「サゾ」と共起する文は肯定文でかつ非行為文でなければならないとした。そこでCD-ROM版『新

潮文庫の100冊』のうち日本人作家による67冊を対象に、「サゾ」がどのような述語と共起するのかを調査した。その結果、表5-1のような結果が出た。

表5-1　サゾと共起する述語（全144例）

動詞 (63例)	味がしみて香ばしく歯ごたえのある、安心する、怒る、イライラと焦る、いらいらする、怨む、大騒ぎする、驚く（6）、おなかがすく、ガッカリする、可愛がる、感激する、気落ちする、気が利かずぼんやりしている、聞かせられる、気になる、気を悪くする、草臥れる、軽蔑する、喧嘩する、苦しむ、いろいろ苦しんだり疑ったりする、心が残る、心を乱す、困る（3）、籠む、混雑する、才色を兼ねた（女人だ）、心配する（2）、力を落とす（3）、疲れる、はなばなしい手柄を立てる、励む、びっくりする（2）、骨が折れる、（思い出を）身にまとう、見劣りしてみえる、虫の音誘う、悲慨の血涙に噎ぶ、不信だらけの目つきをする、喜ぶ（11）、嗤われる
形容詞 (37例)	会いたい、暑い、あまっちょろくてまどろっこしい、いい（景色だ）、可い（心地）、佳い（者だ）、言いにくい、いまいましく憎ったらしい、美しい（3）、うまい、嬉しい、おかしい、覚えがめでたい、可愛い、きつい、苦しい、小気味がいい、心細い（3）、寒い（2）、淋しい、淋しく愁らい、高い、たまらない、つらい（3）、寝覚めが悪い、歯がゆい、ひもじい、やりきれない、わずらわしい、面白からぬ
形容動詞 名詞＋ダ (18例)	安心だ、気がかりだ、滑稽だ、心残りだ（2）、窮屈だ、（茶道が）盛んだ、残念だ、心外だ、そうだ、難儀だ、不愉快だ、賑かだ、迷惑だ、無念だ、愉快だ（2）、雪景色だ
修飾語＋動詞 (25例)	いやにようすを売る、いろいろに噂する、いろいろと取り沙汰する、こっぴどい批判を浴びせる、たらふく食べる、たくさん食べる、うまく洗う、悪く言う、美しい音色を奏でる、たくさん苦労する、うるさく言われてまごつく、いい気持ちになる、面白いことになる、美しくなる、真剣になる、勉強家のように見える、馬鹿げた意地に見える、馬鹿らしく見える、片腹痛く思う、可愛くおぼす、珍しくもいとおしくも思う、淋しさが増す、不安がある、苦心してマスターする、気持ちよく勉強できる
その他 (1例)	顔だけ見ているとひき締った有礼好みの女である。裸になれば<u>さぞや</u>、と妙なことまで考えさせられる。　　　　　　（渡辺淳一『花埋み』）

(CD-ROM版『新潮文庫の100冊』より)

第 5 章 共感的推論を表す「サゾ」　127

　表 5-1 に示されるように、「サゾ」は肯定かつ非行為の文と共起すること が多い。しかし、中には「面白からぬ」のように否定表現と共起する例や、 「手柄を立てる」、「喧嘩する」のように行為動詞と共起する例もある。次に このような表現も含めた統一的な説明を試みる。

(18)　身分の低い女君たちとひとしなみに扱われて、さぞ面白からぬことも
　　　おありだろうと、拝察しているよ。　　　（田辺聖子『新源氏物語』）
(19)　今度の戦いには、さぞかし、はなばなしい手がらを立てるだろうと、
　　　大将をはじめとして、みんな目を見はっていたのだ。
　　　　　　　　　　　　　　　　　　　　　　（山本有三『路傍の石』）
(20)　いつでも極りの我まま様、さぞお友達とも喧嘩しませうな、
　　　　　　　　　　　　　　　　　　　　　　（樋口一葉『たけくらべ』）

　第 1 に「サゾ」は「喜ぶ」や「寒い」のように感情や感覚を表す表現と 共起して、主体の感情や感覚を共感的に推論する場合に用いられる。(21)、 (22) は話し手が「母」や「姉様」の立場に立ち、その感情や感覚を共感的 に推論した表現である。

(21)　帰ると母がさぞよろこぶだろうと思った。　（武者小路実篤『友情』）
(22)　浜辺に往った姉様は、さぞ潮風が寒かろうと、ひとり涙をこぼしてい
　　　た。　　　　　　　　　　　　　　　　　　　（森鷗外『山椒大夫』）

　第 2 に「サゾ」は「たくさん苦労する」、「たくさん食べる」、「うまく洗う」 のように「程度・状態を表す修飾語＋動詞」とも共起する。このとき「苦労 する」のように感情や感覚を表す動詞の場合は修飾語を省いても文が成立す るが、「食べる」や「洗う」のように行為を表す動詞の場合は修飾語を省く と非文となる。

(23) a.　さぞさぞ沢山の御苦労なさりましたろ　（樋口一葉『大つごもり』）

　　　　b.　<u>サゾサゾ</u>御苦労なさりましたろ。
(24) a.　<u>さぞかし</u>アメリカ人は<u>沢山食べるだろう</u>
　　　　　　　　　　　　　　　（野坂昭如『アメリカひじき』）
　　　　b.　＊<u>サゾカシ</u>アメリカ人は<u>食べるだろう</u>。
(25) a.　松田さんなら<u>さぞうまく洗っておくれだろう</u>（山本周五郎『さぶ』）
　　　　b.　＊松田さんなら<u>サゾ洗っておくれだろう</u>。

　同様に「こっぴどい批判を浴びせる」、「悪く言う」、「美しい音色を奏でる」、「苦心してマスターする」なども、修飾語を省くと「サゾ」と共起できなくなる。このことから、「サゾ」は行為文にも使われるが、行為そのものではなくその修飾語と結び付いていることが分かる。そう考えると、先の(19)も「手がら」の前に「はなばなしい」という修飾語があるため文が成立することが分かる。(20)も「サゾひどく喧嘩するだろう」などの意味で解釈され、「サゾ」は省略された「ひどく」を修飾していると考えられる。
　また、一般に形容詞の否定形は「サゾ」と共起できないが、「面白くない」は「サゾ」と共起することができる。

(26)　娯楽のほとんどない世界。若い者には<u>さぞ面白くもない</u>世界だろう。
　　　　　<http://vivid-t.hp.infoseek.co.jp/novel/ryuki/tasogare.htm>2003年6月5日
(27)　もちろん本人に悪意は無かったと思いますが、家康本人は<u>さぞ面白く</u>
　　　<u>無かった</u>であろうと思われます。
　　　　　<http://member.nifty.ne.jp/jhforum/aoi_rog10.htm>2003年6月5日
(28)　味もそっけもない印刷の年賀状では、貰った方も<u>さぞ面白くもなんと</u>
　　　<u>もなかろう</u>、とは思うのですけどね…
　　　　　<http://www.hi-ho.ne.jp/mnoriko/bbs/list151.shtml>2003年6月5日

　ここで気付くのは、「＊非常に嬉しくない」や「＊非常に寒くない」が非文となるのに対し、「面白くない」は「非常に面白くない」のように程度副詞の修飾を受けるということである。これは「面白くない」が「情けない」や

「つまらない」のように一語の形容詞（肯定形）として機能しているためである[6]。「サゾ」が「面白くない」と共起するのはそのためであると考えられる。

このように「サゾ」は感情や感覚、状態を表す表現と結びつき、主体に対する共感を表す。森本（1994）は「サゾ」のもつ強調機能がディスコースにおいて「共感という語用論的な含意」と結び付くとしているが、本書では「サゾ」は第一に話し手の共感を表す副詞であると考える。この主体の身になって推論するという意味が、「サゾ」の強調機能を生んでいるのである。

3.3　二人称の心中の推論

森本（1994）は（29）の例文を挙げて、「（杉村注：「キット」は）第三者の心中を推し量っていうのならいいが、相手の心中を察している場合には、いささか無理が感じられるようだ。この、相手に対して共感を込めるという点に、「さぞ」と「きっと」の違いが感じられる（p.69）」と指摘した。

(29) P：息子は去年事故でなくなりました。
　　 Q：そうですか。それはさぞおつらかったでしょう。
　　 Q：きっとおつらかったでしょう。
　　　　　　　　　　　　　　　　　　　　　　　　　（森本 1994）

確かに二人称の心中を推論する場合、「サゾ」は自然に使えるが、「キット」を使うと他人事のように聞こえる。これに対し、三人称の心中を推論する場合は、「サゾ」でも「キット」でも自然に使える。

(30) a.　あなたも　｛サゾ／?キット｝　辛かったでしょう。
　　 b.　あの方も　｛サゾ／キット｝　辛かったでしょう。

このことからも「サゾ」の第一の機能は、主体の身になって共感的推論を表す点にあると考えられる。

3.4 「サゾ」と時制

「サゾ」と時制について、森田(1989)は「過去・現在、ないしは現在までの状態であること(p.489)」とし、小学館辞典編集部(1994)も「主に現在および過去の、話者の推測の及ばない事柄を推量するときに用いる(p.1011)」としている。たしかに、(31)は過去の事態、(32)は現在の事態である。

(31) <u>さぞ</u>、びっくりなさったでしょう。　　　（田辺聖子『新源氏物語』）
(32) 吾一ちゃん、<u>さぞ</u>、おなかがすいたでしょう。(山本有三『路傍の石』)

しかし、次のように「サゾ」は未来の事態や仮想した事態にも使われる。

(33) 妻は二人揃って御参りをしたら、Kが<u>さぞ</u>喜ぶだろうと云うのです。
　　　　　　　　　　　　　　　　　　　　　　　　（夏目漱石『こころ』）
(34) この猿を毎日からかってやると、<u>さぞ</u>おもしろいことになるだろう
　　　　　　　　　　　　　　　　　　　　　　　（司馬遼太郎『国盗り物語』）

したがって、「サゾ」は過去、現在、未来に関わらず使えることが分かる。

3.5 「サゾ」と人称

「サゾ」と人称について、森田(1989)は「他者や他所の既定の状態を思いやり共感する自発的感情(p.490)」とし、飛田・浅田(1994)も「自分自身の状態については用いられない(p.166)」としているように、従来話し手以外のものに対する推論であるとされてきた。たしかに(35)は二人称、(36)は三人称、(37)は他の場所に対するものである。

(35) <u>吾一ちゃん</u>、さぞ、おなかがすいたでしょう。(山本有三『路傍の石』)
(36) 小さい、その可愛い秤を<u>妻や子供</u>がさぞ喜ぶ事だろうと彼は考えた。
　　　　　　　　　　　　　　　　　　　　　　　　（志賀直哉『小僧の神様』）
(37) 「<u>東京駅</u>も、さぞホームが汽車で混雑していることでしょうね」

(松本清張『点と線』)

しかし、「サゾ」は一人称の事態にも使われる。(38)〜(40)において「いい気持ち」、「愉快だ」、「うまい」と感じているのは話し手自身である。

(38) 宝塚の清荒神に日本一の鉄斎の大蒐集があるという事は、兼ねてから聞いていた。片っぱしからみんな見たら<u>さぞ</u>いい気持ちになるだろう。　　　　　　　　　　　　　　　　　　　　　　(小林秀雄『真贋』)
(39) <u>私</u>は自分の傍にこうじっとして坐っているものが、Kでなくって、御嬢さんだったら<u>さぞ</u>愉快だろうと思う事が能くありました。
　　　　　　　　　　　　　　　　　　　　　　　　　(夏目漱石『こころ』)
(40) 「いや、<u>さぞかし</u>焼いたらうまかろうと思うんだ」
　　　　　　　　　　　　　　　　　　　　　　　　(曾野綾子『太郎物語』)

このように「サゾ」が一人称の事態に使われる場合、仮想した事態であることが多い。これは話し手自身のことであっても未経験の事態に対しては、他者の視点から推論できるためである。しかし、時には次のように、一人称の過去や現在の事態に対して使われることもある。この場合、話し手は自分自身を客体化して推論していると考えられる。

(41) a. <u>私</u>は自分の全生活を背負って立命キャンパスにいたわけだが、みじめで、ちっぽけで、いい加減であることがわかった。<u>さぞかし</u>不信だらけな眼つきを<u>していた</u>ことだろう。
　　　　　　　　　　　　　　　　　　　　　(高野悦子『二十歳の原点』)
　　 b. (今の私は人から見れば)<u>さぞかし</u>不信だらけな眼つきを<u>している</u>ことだろう。

また、「サゾ」は一般的な状況を推論する場合にも使われる。この場合、話し手はその境遇にある何らかの人物に感情移入し、まるでその場にいるか

のような気持ちで推論する。(42)〜(44)において、「サゾ」を「キット」に置き換えるとこうした臨場感がなくなる。

(42) 北海道も、住めば都だそうだね。雪が屋根までつもるときいて、おどろいたよ。｛さぞ／キット｝寒いことだろう。ぼくの方は変わりがない。　　　　　　　　　　　　　　　　　　　　　（三浦綾子『塩狩峠』）
(43) マンションの内部も、外観にふさわしく豪華な造りになっていた。内装や家具も、｛さぞ／キット｝高かったろうと思わせる物ばかりである。　　　　　　　　　　　　　　　　　　（赤川次郎『女社長に乾杯！』）
(44) 「あれほどの御道楽でございますゆえ、御家中の御歴々のあいだでは｛さぞ／キット｝茶道がお盛んでございましょうな」
　　　　　　　　　　　　　　　　　　　　　（司馬遼太郎『国盗り物語』）

　以上のように、「サゾ」は当該事態の経験者に感情移入して、その感情、感覚、境遇を共感的に推論する場合に使われる。二人称や三人称の事態に使われることが多いが、一人称の未実現の事態や仮定の事態に使われることもある。さらに他者の目から見た自分を描く場面では、一人称の過去や現在の事態についても使われる。また、一般的な状況を推論する場合、話し手はその境遇にある何らかの人物に感情移入していると考えられる。

4　事態の程度性

4.1　「サゾ」と程度性

従来、「サゾ」は程度性のある事態に使われることが指摘されてきた。しかし、程度性があっても必ずしも「サゾ」と共起するわけではない。たとえば、(45)の「諦める」は「少し諦める」、「完全に諦める」のように程度性を持ち、(46)の「暑くならない」も「あまり暑くならない」、「全然暑くならない」のように程度性を持つ。それにも関わらず「サゾ」とは共起できない。本節

では「サゾ」がいかなる意味での「程度性」と関わるのかを見ていく。

(45) 彼は今頃 { *サゾ／キット } 諦めていることだろう。
(46) この分だと今年の夏は { *サゾ／キット } 暑くならないだろう。

次の(47)、(48)はいずれも推量文である。しかし、(47)が「サゾ」と共起しないのに対し、(48)は「サゾ」と共起する点で違いがある。

(47) a. そちらは { *サゾ／キット } 雨でしょう。
   b. 花子は疲れていたから今ごろ { *サゾ／キット } 寝ているでしょう。
(48) a. そちらは { サゾ／キット } ひどい雨でしょう。
   b. 花子は疲れていたから今ごろ { サゾ／キット } ぐっすり寝ているでしょう。

両者の違いは、前者が単に「雨だ」、「寝ている」ということを推論しているのに対し、後者はその程度が「ひどい」、「ぐっすり」ということを推論している点にある。このことから、「サゾ」は事態の程度を表す部分と結び付いていることが分かる。

4.2 「サゾ」と「－限界／＋進展的変化」

「サゾ」とは直接関係ないが、述語の程度性について論じた研究に佐野(1998)がある[7]。佐野(1998)は主体変化動詞句を進展性(変化が進展的・漸次的に進んでゆく性質)の有無によって「＋進展的変化」動詞句と「－進展的変化」動詞句とに分け、さらに前者を「＋限界／＋進展的変化」動詞句と「－限界／＋進展的変化」動詞句とに分けている[8]。たとえば、「－進展的変化」動詞句は「死ぬ」のように変化が一瞬で終わるのに対し、「＋進展的変化」動詞句は「暮れる」や「広まる」のように変化が時間の経過とともに進んでいく性質を持つ。後者のうち、「＋限界／＋進展的変化」動詞句は「暮

れる」のように一度変化が限界に達する（「暮れきる」）とそれで変化は終わるのに対し、「－限界／＋進展的変化」動詞句は「広まる」のように一度変化が止まっても、再びその変化が進んでいく可能性を持っている。こうして同じ程度副詞でも「だいぶ」、「かなり」などは「＋進展的変化」の動詞句すべてと共起するが、「非常に」、「とても」などは「－限界／＋進展的変化」動詞句とのみ共起することを指摘した。

［－進展的変化］動詞句：
　死ぬ、割れる、（モノが）落ちる、生まれる、結婚する、（人が）座る、着る、（人が）消える
［＋限界／＋進展的変化］動詞句：
　暮れる、腐る、凍る、冷める、沸く、溶ける、治る、枯れる、（夜が）明ける、（魚が）焼ける
［－限界／＋進展的変化］動詞句：
　広まる、冷える、上がる、温まる、老ける、高まる、太る、痩せる、伸びる、縮む

ここで佐野（1998）の分類を「サゾ」と関連させて考えると、「サゾ」と共起できるのは「－限界／＋進展的変化」動詞句であることが分かる。形容詞の場合も「サゾ」と共起する「美しい、寒い、元気だ」などは「－限界」の性質を持ち、「サゾ」と共起しない「ない、丸い[9]、同じだ」などは「－限界」の性質を持たない。従来「サゾ」は程度性のある事態に使われることが指摘されてきたが、それは「－限界／＋進展的変化」の性質を持つもののことだったのである。したがって、「暑くならない」が「サゾ」と共起できないのはこれに進展性がないためであり、「諦める」が「サゾ」と共起できないのは一度諦めたらそれ以上諦めることはできないためであると説明できる。

4.3　標準以上に高い程度

「サゾ」は事態の程度が標準以上に高い場合に使われる。事実、（49a）のよ

うに雨がたくさん降る場合には「サゾ」が使えるが、(49b)のように少しの場合には使えない。(49c)も「キット」が雨の量と関係なく使われるのに対し、「サゾ」はたくさん降ることまで含んでいることが読み取れる。

(49) a.　夏になれば｛サゾ／キット｝たくさん雨が降るでしょう。
　　 b.　夏になれば｛＊サゾ／キット｝少し雨が降るでしょう。
　　 c.　夏になれば｛サゾ／キット｝雨が降るでしょう。

　実例では(50)のように「サゾ」が程度性を伴わない文に使われることもある。しかし、このような文に敢えて「サゾ」が使われると、「さぞやすばらしい雪景色であろうな」のように、共感を伴う修飾語を補って解釈されることになる。一方、この場合に「キット」なら単に雪景色であることを推論する意味になるため自然に使える。

(50)　義昭は、涎を垂らしそうな顔で、寒そうにすわっている。
　　　「近江の戦陣も、｛さぞや／キット｝雪景色であろうな」
　　　と義昭は目で笑った。　　　　　　　（司馬遼太郎『国盗り物語』）

　以上のことから、「サゾ」は話し手が事態の程度が標準以上に高いと捉えた場合に、主体の身になって共感的に推論する表現であることが分かる。この主体の身になって推論するという性質が「サゾ」の強調機能と結び付いていると考えられる。

5　第5章のまとめ

先行研究では「サゾ」について、①共感の意味が入る、②程度性のある事態に用いられる、③現在と過去の事態に用いられる、④二人称や三人称の事態に用いられる、ということが記述されてきた。これに対し、本書では次のことを明らかにした。

① 当該事態の経験者に感情移入して、その感情、感覚、境遇を共感的に推論する
　　・二人称や三人称の事態に使われることが多い（過去、現在、未来）
　　・一人称の未実現の事態、仮定の事態にも使われる
　　・他者の視点から自分を描く場合は、一人称の過去や現在の事態にも使われる
　　・一般的な状況を推量する場合、話し手はその境遇にある何らかの人物に感情移入している
② 過去、現在、未来のいずれの事態にも用いられる
③ 共起する述語は「－限界／＋進展的変化」の性質を持つ
　　・当該事態の程度が標準以上に高い場合に使われる
　　・行為文に使われる場合は、行為そのものではなくその行為の程度・状態を規定する修飾部分に係っている
④ 主体の身になって推論するという性質が「サゾ」の強調機能と結び付いている

以上のことから、「サゾ」の意味は次のように定義される。

「サゾ」
　　推論において共感に基づきある１つの帰結を導き出したことを表す

注
1　旺文社『旺文社国語辞典』第八版（1992）の記述による。
　　さ-ぞ【△嘸】（副）さだめし。さぞかし。さぞや。きっと。「北国は－寒かったことでしょう」用法 あとに推量の語を伴い、他人の、あるいは未知の経験に対し共感・想像する気持ちを強める。語源 副詞「さ」に強めの係助詞「ぞ」のついた語。
2　次のような「サゾカシ」、「サゾヤ」も「サゾ」に含めて考える。

第 5 章　共感的推論を表す「サゾ」　137

　　（ⅰ）「(前略)。──が、それはともかくも、おれはこの島へ渡った当座、毎日忌々しい思いをしていた」
　　　　「それはさぞかし御難儀だったでしょう。御食事は勿論、御召し物さえ、御不自由勝ちに違いありませんから」　　　　　　　　　　　（芥川龍之介『俊寛』）
　　（ⅱ）康子様　お手紙有難う。
　　　　軽井沢へのおさそい、とても魅力があります。第一、涼しいところで、さぞや気持よく勉強できるだろうと、羨ましい気がします。
　　　　　　　　　　　　　　　　　　　　　　　　　　（石川達三『青春の蹉跌』）
3　先の小林（1980）は、「サゾ」は「ダロウ」とのみ呼応し、「ヨウダ」、「ラシイ」、「断定」、「ニチガイナイ」とは呼応しないとしている。「茶漉」による検索では、第 4 章の表 4–1 に示すように、全 196 例中「ダロウ」との共起が 175 例で圧倒的多数であり、「ダ／ϕ」は 14 例、「ニチガイナイ」は 1 例しか出現せず、「カモシレナイ」、「ヨウダ」、「ラシイ」との共起は 1 例もなかった。
4　森田（1989）も「「さぞ」が現在と過去の状況についての推測判断であったのに対し、「さだめし」は現在・過去のほか、未来推量にも使える点、用法は広い（p.489）」としている。なお、「サダメシ」は現代語ではあまり一般的な言葉ではないため、本書では考察の対象から外した。
5　「その他」の 6 例は次のとおりである。
　　（ⅰ）とにかく家の手助けしたのだから、さぞやたらふく食べられるはず、
　　　　　　　　　　　　　　　　　　　　　　　　（野坂昭如『ラ・クンパルシータ』）
　　（ⅱ）「美しいかたなのね？　さぞ……」　　　（田辺聖子『新源氏物語』）
　　（ⅲ）さぞかし貴郎のお怒り遊した事と気が気では無かつたなれど、
　　　　　　　　　　　　　　　　　　　　　　　　　　　　（樋口一葉『われから』）
　　（ⅳ）さぞかし味がしみて香ばしく歯ごたえのあるそのお焦げ、未亡人のむさぼる姿思うと腹が立つよりつばきがにじむ。　　　　　（野坂昭如『火垂るの墓』）
　　（ⅴ）玉鬘の姫君とやらが、さぞ可愛がって下さいますよ……
　　　　　　　　　　　　　　　　　　　　　　　　　　　（田辺聖子『新源氏物語』）
　　（ⅵ）顔だけ見ているとひき締った有礼好みの女である。裸になればさぞや、と妙なことまで考えさせられる。　　　　　　　　　　（渡辺淳一『花埋み』）
6　現代語において「嬉しくない」や「寒くない」は形容詞の否定形、「情けない」や「つまらない」は一語の形容詞（肯定形）、「面白くない」はその両方の性質を持っていると考えられる。
7　佐野（1997、1999）にも程度性についての詳細な分析がある。
8　佐野（1998）は「進展性に限界を持たない動詞句とは、いったん成立した結果状態が更に変化する可能性を持つものであり、進展性に限界を持つ動詞句とは、変化の結果成立した結果状態が更に変化する可能性を持たないものである（p.8）」と説明している。
9　ただし、「丸みがある」の意味でなら「彼女の顔はサゾ丸いだろう」のようにいうこ

とができる。

第6章　想定外の事態の成立可能性を表す「モシカスルト」

1　はじめに

　第6章では「モシカスルト」について考察する[1]。従来、「モシカスルト」は共起する文末形式の違いを根拠に「キット」や「タブン」より蓋然性の低いことを表す副詞であるとされてきた[2]。しかし、第1章や第2章でも論じたように「ニチガイナイ」、「ダロウ」、「カモシレナイ」は単純に蓋然性の高さの違いで並んでいるわけではないため、これらの副詞も純粋に蓋然性の高さの違いによって並んでいるわけではないと考えられる。

（1）　明日は｛キット／?タブン／*モシカスルト｝雨ニチガイナイ。
（2）　明日は｛キット／タブン／*モシカスルト｝雨ダロウ。
（3）　明日は｛*キット[3]／*タブン／モシカスルト｝雨カモシレナイ。

　また、従来「モシカスルト」は「カモシレナイ」と同質に考えられてきたが、「茶漉」による「青空文庫」の検索によると、「モシカスルト」は全174例中84例で「カモシレナイ」と共起しているものの、「デハナイカ」との共起も54例あることが分かる（第4章の表4–1）。したがって、「モシカスルト」には「カモシレナイ」とは別に固有の意味を考えなければならないことが分かる。以下、2節では「モシカスルト」と「カモシレナイ」、「デハナイカ」との共起を観察し、3節では「モシカスルト」に「想定外」の意味があることを指摘する。最後に4節で本章のまとめをする。

2 文末形式との共起

2.1 「モシカスルト」の使われる文
次の例文を見ると、「モシカスルト」は推量文には使えるが、意志文、命令文、勧誘文には使えないことが分かる。

(4) a. 明日は<u>モシカスルト</u>学校に行くかもしれない。(推量文)
　　b. *明日は<u>モシカスルト</u>学校に行くぞ。(意志文)
　　c. *明日は<u>モシカスルト</u>学校に行けよ。(命令文)
　　d. *明日は<u>モシカスルト</u>一緒に学校に行こうね。(勧誘文)

ここで注意したいのは、「モシカスルト」自体が推論を表すわけではないということである。たしかに、「モシカスルト」は(5)のように推量文にも使われるが、(6)のように推論過程を経ず、単に2通りの可能性があることを述べる文(知識表明文)にも使われる。

(5) 　ライオンとトラのうち強いのは、<u>モシカスルト</u>ライオンかもしれないし、<u>モシカスルト</u>トラかもしれない。どちらだろう。
(6) 　ライオンとトラのうち強いのは、<u>モシカスルト</u>ライオンかもしれないし、<u>モシカスルト</u>トラかもしれない。どちらの可能性もあります。

「モシカスルト」はほとんどの場合に「カモシレナイ」や「デハナイカ」と共起する。「カモシレナイ」は複数の事態の成立可能性が共存することを表す表現であり、「デハナイカ」は当該の事態の成立可能性に疑いを残した表現である。いずれも当該の事態の成立を1つの可能性として捉え、他の事態の成立も意識した表現であるという点で共通する。このような表現と共起することから、「モシカスルト」は当該の事態だけでなく、それ以外の事態の成立する可能性も認める表現であると考えられる。

(7) 由香里は、心を打たれるのを感じた。彼女は<u>もしかしたら</u>、救いを求めているの<u>かもしれない</u>。(貴志祐介『十三番目の人格―ISOLA―』)

(8) <u>ひょっとすると</u>、満は、千尋の傷ついたプライドを庇うために、誕生した人格なの<u>ではないだろうか</u>?
(貴志祐介『十三番目の人格―ISOLA―』)

「モシカスルト」は(9)のように命題表現の「可能性がある」と共起することもある。このことからも、「モシカスルト」は当該の事態の成立を1つの可能性として捉える表現であることが分かる。

(9) ボタンを押すと、機械が淡々と三十件のメッセージを再生していった。予想したとおり、どれも、無言だった。時間はどれも午後二時から三時の間。つまり、若槻と三善が病院で幸子と会った直後である。<u>もしかすると</u>、幸子は病院からかけた<u>可能性さえあった</u>。
(貴志祐介『黒い家』)

また、実例では(10)のように「ミタイ」と共起する例もある。ただし、これは「モシカシタラできたカモシレナイ」と「ドウモできたミタイ」が話し手の頭の中で混じり合ってできたものであると考えられる。

(10) 「<u>もしかしたら</u>できた<u>みたい</u>　月のものも遅れてるし…」
(臼井儀人『クレヨンしんちゃん③』)

以上、「モシカスルト」は当該の事態の成立を1つの可能性として捉える文脈で使われることを見た。

2.2 「カモシレナイ」との共起

第2章で論じたように「カモシレナイ」は当該の事態の成立が不確実で、他の事態の成立する可能性もあると認識したことを表す表現である[4]。このこ

とは(11)からも確認できる。(11)はポル・ポト元首相の死因が「毒殺または自殺である」可能性が低いことを述べた記事ではなく、そういう可能性も否定できないということを述べた記事である。この文において、「ヒョットスルト」は「井戸の底に降りなくてはならない」という事態の成立が「想定外」のものであることを表していると考えられる。

(11) カンボジアのポル・ポト元首相の死亡について、タイ情報筋は十九日、同氏が一九七〇年代の政権時代の大虐殺への懲罰を避けるため、毒殺または、自殺したかもしれないと述べた。
　　　同情報筋は、長期にわたりポル・ポト派の動向を担当してきたタイ当局高官で、「遺体の調査結果および事件を取り巻く状況からみて、毒殺されたと思われる」と指摘した。「毒殺は彼の同意を得て行われたともみられ、ポル・ポト氏が自分で毒薬を飲み込んだ可能性もある」とも述べた。　　　　　　（「中日新聞」1998.4.20 夕刊）

同様に(12)の「カモシレナイ」も事態成立の可能性の低さを表しているわけではなく、「当初井戸の底まで降りていくことは想定していなかったが、思いがけず井戸の底に降りなくてはならない可能性が生じた」ということを述べた文である。

(12) これから何をすべきか、浅川にはちゃんとわかっていた。わかっていてもまだ恐怖心は湧かない。床板がすぐ頭上に迫るだけで息苦しいというのに、ひょっとしたら、もっと深い闇に支配された井戸の底に降りなくてはならないかもしれないのだ。……かもしれない、ではない。山村貞子を引きずり出すためには、ほとんど確実に井戸の中に入っていかなければならない。　　　　　　　　　（鈴木光司『リング』）

2.3 「デハナイカ」との共起

「デハナイカ」は事態成立の可能性に疑いを残していることを表す表現であ

る。(13)は「彼女が多重人格である」という考えに傾きながらも、そうでない可能性も残されていることを表す文、(14)は「大臣になればある程度の仕事はできる」と考えながらも、そうでない可能性も残されていることを表す文である。この「疑いを残す」という意味が他の事態の成立を暗示する。

(13) まず、最初に、私が彼女が多重人格ではないかと疑い始めた時のことを、話しておきたいの。　　　（貴志祐介『十三番目の人格—ISOLA—』）

(14) 私としては、たしかに、大臣になれば何でもできるとは考えていなかったが、やり方によっては、ある程度の仕事はできるのではないかと、考えてもいた。　　　　　　　　　　　　　（菅直人『大臣』）

「デハナイカ」は次のように様々な副詞と共起する。「ヤハリ」や「オソラク」と共起すると当該の事態の成立する可能性が高く感じられるし、「モシカスルト」と共起すると当該の事態の成立する可能性が低く感じられる。

(15) やはり彼女は、真部を愛していたのではないだろうか？
　　　　　　　　　　　　　　（貴志祐介『十三番目の人格—ISOLA—』）

(16) 金日成の頭のなかに武力統一の構想が芽ばえたのはいつからだろうか。さまざまな状況から、おそらく一九四八年の秋から冬にかけてではないかとみられる。
　　　　　　　　　　　　（萩原遼『朝鮮戦争　金日成とマッカーサーの陰謀』）

(17) 少女は身じろぎしたが、表情は変わらなかった。由香里が待ち望んでいたのは、少女の心の声だったが、何も聞こえてこない。それが、あまりにも静かだったので、感情を抑制しているというよりも、もしかすると、この人格の中身はまったく空虚ではないかという気さえした。　　　　　　　（貴志祐介『十三番目の人格—ISOLA—』）

実例では(18)のように「キット〜デハナイカ」という共起も存在する。

この場合、「キット」のもつ「事態の実現に対する話し手の強い信念」という意味にひかれ、「デハナイカ」のもつ疑いの程度は弱くなる。

(18)　私は由香里よ。知ってるでしょう？　きっと、今までほかのみんなとお話しをしてたのを、心の奥から見てたんじゃないかな？
(貴志祐介『十三番目の人格―ISOLA―』)

「デハナイカ」は当該の事態の成立可能性に疑いを残す表現であるが、「カモシレナイ」と違い複数の事態を同時に認める表現ではない。先に「モシカスルト～カモシレナイ」が複数の事態を同時に認めることを見たが、このことから複数の事態を同時に認める意味は「モシカスルト」ではなく「カモシレナイ」に備わったものであることが分かる。

3　「モシカスルト」の意味

益岡(1991)など「モシカスルト(ヒョットシタラ、アルイハ)」と「カモシレナイ」は対にして論じられることが多い[5]。しかし、両者は必ずしも一対一対応の関係にあるわけではなく、互いに独立した意味を持つと考えられる。

3.1　想定外の事態

「モシカスルト」は、当初当該の事態の成立する可能性を想定していなかったが、発話時点において当該の事態の成立する可能性もあると判断したことを表す場面で使われる。(19)は当初別の予想をしていたが、推論の結果、真相はそうではない可能性もあると思うに至ったことを述べている。(20)は当初鍵が開いているとは思っていなかったが、推論の結果、鍵が開いていた可能性もあると思うに至ったことを述べている。(21)は当初大石智子と岩田秀一が恋人どうしではないかと考えていたが、推論の結果、2人は一面識もないと思うに至ったことを述べている。

(19) だけど、もしかしたら、真相はそうじゃないかもしれないって思いはじめたんだ。　　　　　　　　　　　　　　　　　（貴志祐介『黒い家』）

(20) 二人は、探索が始まってすぐに、ここを調べていた。真部が回りに張りめぐらされているロープを乗り越えて、出入り口と窓とが、すべてしっかりと施錠されていることを確認していたのだ。(中略)
「最初は、一階のどこかの鍵が開いてたんだよ。扉でも、窓でも。ひょっとすると、そこら中、開いていたかもしれない。(後略)」
　　　　　　　　　　　（貴志祐介『十三番目の人格―ISOLA―』）

(21) 友人たちに聞いても、辻遥子が東京の予備校生と付き合っているらしいという噂は耳にした。ただ、いつごろ、どのようにして知り合った仲なのかは、今のところまだわからない。とすると、当然、大石智子と岩田秀一も恋人どうしではないかという疑問も出てくるが、いくら調べてもそれを裏付ける事実は出てこない。ひょっとしたら、大石智子と岩田秀一は一面識もないかもしれない。　　（鈴木光司『リング』）

これに対し、(22)のように「カモシレナイ」は発話以前の想定を含意しない一般的事実を表す文にも使われるため、「想定外」の意味は「モシカスルト」に備わったものであると考えられる。

(22) さいころの目は奇数カモシレナイし偶数カモシレナイ。どちらかに決まっている。

このように「モシカスルト」は当該の事態が想定外のものであることを表す表現である。そのため、次のように定説とは異なる新説を提示する場面で効果的に使われる。

(23) つまり、先にあげた、
　　　オヤ、アンナ所に鶯ガイル！
　　というのが、この種の文型の実は典型的な使い方なのだ。発見、

あるいは新鮮な印象、それはしばしば驚きでもあろう。日本人は、多分英文法が頭にあって、

　　ナント美シイ声デショウ！

というような形の文だけを「感嘆文」と思っているけれども、ひょっとしたら、上の鶯の文のような文は日本語的な感嘆文と呼んでもよいような性質を、その実際の使い方から見れば、持っているといってよいのではなかろうか。　　　　　（寺村秀夫『文法随筆』）

(24)　ともかく、こうして見てくると、ふつう格助詞として、その枠で説明されている「を」も、分かっているのはひょっとしたらほんの一部ということになるのではないかとおそろしくなってくる。

（寺村秀夫『文法随筆』）

一方、「キット」と「タブン」は特にそのような前提は必要ではない。(25)はマンションを見上げた瞬間に「夜景がきれいに見えるだろう」と推論した文であり、それ以前に夜景のことを考えていたわけではない。

(25)　その高くそびえるマンションを見上げたら彼の部屋がある十階はとても高くて、｛きっと／タブン｝夜景がきれいに見えるんだろうなと私は思った。　　　　　　　　　　　　　（吉本ばなな『キッチン』）

また、「モシカスルト」は判断の裏付けとなる根拠の有無とは関係なく使われる。次の(26)は金大中氏の政治姿勢について詳しく知って書いたとすれば根拠があることになるし、希望的観測で書いただけなら根拠がないことになる。

(26)　金大中氏なら北にたいして多少はやわらかい姿勢をとるのではないか、もしかしたら五〇年もの国土の分断がすこしはゆるむかもしれない、手紙のやりとりや親族との再会もできるようになるかもしれない。　　　　　　　　　　　　　　　　　　　（萩原遼『ソウルと平壌』）

以上、「モシカスルト」は当該の事態の成立が「想定外」のものであることを表す表現であることを指摘した。この「想定外」の意味が二次的に「キット」や「タブン」より蓋然性の低い表現であると感じさせるのであると考えられる。

3.2 「モシカシテ」との違い

「モシカスルト（シタラ）」が想定外の事態の成立可能性を表すのに対し、似た表現の「モシカシテ」、「ヒョットシテ」は仮定を表す「モシ」に近い意味を表す。

(27) いまの十四郎が、もしかして死んだ場合にも、私だけはこの家を離れず、弟の喜惣に連れ添え──って。
（青空文庫、小栗虫太郎『白蟻』）

(28) 私とキム・チョンヒは急いで旅館を抜け出し、素早くバスに乗り込みました。ひょっとして駅で一味とバッタリ会ったら最後です。
（朝鮮日報『月刊朝鮮』編、夫址榮訳『祖国を棄てた女』）

もちろん、(29)、(30)に示すように「モシカシテ」は当該の事態が想定外の事態であることを表す場合にも使われる。

(29) 3歳の時でわたしは忘れているけれどもしかして本当に火事を予言したのかもしれないわ　　　　（山岸凉子『汐の声』）

(30) ひょっとして、「こいつ」はと、克久はそれまで考えてもみなかったことを考えたのは、赤い夕陽が並んだ団地の向こうに沈んでいこうとしている時だった。
ひょっとして、こいつは俺と張り合っているんじゃないか？
（中沢けい『楽隊のうさぎ』）

このことから(29)、(30)のような表現は、仮定を表す「モシカシテ」に「も

し仮に今まで考えてもみなかったことがあるとしたら」という意味が染み付いて一語の副詞になったものであると考えられる。「モシカスルト（シタラ）」も同様に仮定を表す「モシ」から成立したと思われるが、この形式自体にすでに「ト（タラ）」という仮定の意味を表す接続助詞が入り込んでいるため、これがさらに「ト（タラ）」、「テモ」、「場合」などと共起することはできない。したがって、「モシカスルト（シタラ）」は「モシカシテ」のような仮定表現には使われず、専ら蓋然性を表す副詞として使われるのである。

(31) a.　<u>モシカスルト</u>今日中にできなくても構わない<u>かもしれません</u>。
　　　b.　*<u>モシカスルト</u>今日中にできなく<u>ても</u>、私の方は構いません。
(32) a.　<u>モシカシテ</u>今日中にできなくても構わない<u>かもしれません</u>。
　　　b.　<u>モシカシテ</u>今日中にできなく<u>ても</u>、私の方は構いません。

なお、「モシカシテ」は共起する文末形式も「カモシレナイ」や「デハナイカ」に限らず、(33)〜(36)のように様々な表現がくる。そのため、話し言葉に使われやすいという特徴がある。

(33)　<u>もしかして</u>奈保子ちゃんも真実を告げるためわたし達をこの海へ呼んだ<u>のかしら</u>…　　　　　　　　　　　（山岸凉子『海の魚鱗宮』）
(34)　「<u>もしかして</u>船の荷の中にわしの首みたいなものを見なかった<u>か</u>と聞いてるんだ！」　　　　　　　　　　（手塚治虫『鉄腕アトム⑪』）
(35)　『うそー！　それって、一種のプロポーズじゃない？　本気でわたしと一緒に、これからの人生を送りたいの？　昼も夜もずっと一緒に？　嬉しい。でも、先生は、そんなにわたしのことを好きだったっけ？　怪しいなあ。それとも、<u>ひょっとして</u>、そこにいる可愛い人を助けたいだけ<u>なのかな</u>？』　　　（貴志祐介『十三番目の人格―ISOLA―』）
(36)　「マーくんちであそんできた」
　　　「あらよかったわね」
　　　「おやつ食べていいでしょ」

「うんいいわよ　冷蔵庫にプリンが…　ちょっと待った!!!　ひょっとして食べてきたんじゃないの?」
「そのようなじじつはいっさいございません」
「じゃあ口のまわりについてるチョコレートはなんなの!!　ウソつきは政治家のはじまりです　よそのおうちで何かいただいたらちゃんとママに言わなきゃダメでしょ」

(臼井儀人『クレヨンしんちゃん②』)

3.3　「アルイハ」と「ヒョットスルト」

最後に「アルイハ」と「ヒョットスルト」について見る。(37)〜(39)に示すように、「アルイハ」と「ヒョットスルト」も「モシカスルト」と同じように当該の事態の成立が「想定外」のものであることを表す。

(37)　アルイハ明日は雨が降るカモシレナイ。
(38)　モシカスルト明日は雨が降るカモシレナイ。
(39)　ヒョットスルト明日は雨が降るカモシレナイ。

　まず、「アルイハ」には接続詞の用法と副詞の用法がある。(40)、(41)の「アルイハ」は接続詞の例である。接続詞の「アルイハ」は「マタハ」で置き換えられ、「AアルイハB」の形で「AとBのどちらか」の意味を表す。

(40)　英語アルイハ中国語のできる人が就職に有利です。
(41)　冒頭にも言ったように、刑務官の服務規定には、「死刑の執行をする」という項目はない。けれども、刑務官研修所を出て刑場付設の拘置所あるいは刑務所に採用された刑務官は、死刑囚舎房担当、あるいは死刑の執行官の役が割り当てられるという不運にあう。

(大塚公子『死刑執行人の苦悩』)

　次の(42)、(43)の「アルイハ」は「AかB」という言い方をするため接

続詞とも考えられるし、「〜カモシレナイ」、「〜デハナイカ」と共起するため副詞とも考えられる。

(42) 全面裏切り戦略をもった個体からなる集まりがあるとしましょう。この個体は生物の種かひとりひとりの人間か、あるいは組織である<u>かもしれません</u>。　　　　　　（西山賢一『勝つためのゲームの理論』）
(43) 資料を探すように支持はしたものの、私は本当に出てくるかどうかは五分五分だなと思っていた。おそらくすでに処分されている<u>か</u>、<u>あるいは</u>関係者の一人である郡司元課長が次の職場である東大に持って行ってしまっている<u>のではないか</u>とも考えていた。（菅直人『大臣』）

これに対し、(44)、(45)の「アルイハ」は「マタハ」で置き換えられないため副詞であると考えられる。副詞の「アルイハ」はある事態の成立可能性に加え、もう1つの事態の成立可能性もありうることを表す。

(44) この心持ちを最初アレキサンドリアあたりへ輸入したのは、<u>あるいは</u>インドからであった<u>かも知れない</u>。　　　（和辻哲郎『古寺巡礼』）
(45) <u>あるいは</u>、これが届く頃にはおまえは私の葬式のためにこちらへ出向いている<u>かもしれません</u>。　　　　　　（吉本ばなな『TUGUMI』）

一方、「ヒョットスルト」は次の「ヒョットシタ」、「ヒョンナ」、「ヒョッコリ」などと意味的につながっている。これらは当該の事態が思いがけない出来事であることを表す表現である。このような表現との関係から、「ヒョットスルト」は想定外の意味を強く押し出す表現であると考えられる[6]。

(46) 蔦代はそれに対して、育ちがわるい。通信簿では、正子に対照して、なにもかもダメ。色白で上背もあり、本人がその気になれば、正子よりもずっと際立つだけの美貌をそなえているのに、<u>ひょっとした</u>動きの端が細かくて、なんとはなしに貧相である。

(養老孟司・長谷川真理子『男の見方　女の見方』)
(47) 凝った比喩。美女ないし金持ちの出現。自分を「凡庸」と評する主人公。そして彼はやっぱりひょんなことから外国へ旅に出る。
(『中日新聞』1999.6.1 夕刊)
(48) そこへ、ひょっこり友達があらわれ、家の者から事情を聞いた。
(福田健『ユーモア話術の本』)

以上、「アルイハ」と「ヒョットスルト」について見た。

4　第6章のまとめ

第6章では「モシカスルト」の意味について考察した。その結果、「モシカスルト」は「キット」や「タブン」と違い、発話時点以前の事態成立に対する「想定」を含意する表現であることを明らかにした。「モシカスルト」の意味は次のとおりである。

「モシカスルト」
　　当初、当該の事態の成立する可能性を想定していなかったが、発話時点において当該の事態の成立する可能性もあると判断したことを表す

注
1　以下、「アルイハ」、「モシカシタラ」、「ヒョットスルト」、「ヒョットシタラ」も「モシカスルト」と置き換えが可能なため、大体同じものとして扱うことにする。
2　野田（1984）、森田（1989）、益岡（1991）、宮崎（1991, 1992）、益岡・田窪（1992）、飛田・浅田（1994）、小学館辞典編集部（1994）、森本（1994）、須賀（1995）、木下（1999）など。
3　実例では「キット」と「カモシレナイ」が共起する例もある。しかし、このような共起は据わりが悪く不自然である。
　　（ⅰ）もっと、のんびりと時間をかけて考えりゃ、きっとオレと同じことを思い付

     くかもしれねえな。　　　　　　　　　　　　　　　（鈴木光司『リング』）
　　（ⅱ）もし私が医者でなかったら、きっと驚きのあまり腰を抜かしていたかもしれ
　　　　ない。しかし、私はこの症例をテキストの写真で見て知っていた。睾丸性女
　　　　性化症候群。　　　　　　　　　　　　　　　　（鈴木光司『リング』）
4　三宅（1992）、田中（1993）、須賀（1995）、木下（1999）にも「カモシレナイ」は可
　　能性の存在を表すとの記述がある。
5　たとえば、和佐（2001）は「モシカスルト」について、「肯定とも否定とも判断がつ
　　かないとき、両方の命題成立の可能性があると判断されるとき使用できる副詞(p.81)」
　　であると規定した。しかし、このような規定は「モシカスルト」と「カモシレナイ」
　　を同じ意味を担うものとして扱うことになる。
6　「ヒョットスルト」を使用する状況として、森田（1989）は「予期されない事態」が
　　生起するとき、小学館辞典編集部（1994）は「予想外の事態」が偶然起こるときに
　　用いるとしている。

第 7 章　不確定性を表す「ドウモ」、「ドウヤラ」

1　はじめに

第 7 章では「ヨウダ」や「ラシイ」と共起関係にある「ドウモ」、「ドウヤラ」について考察する。従来、「ドウモ」と「ドウヤラ」は類義語として捉えられ、たとえば『日本語大辞典』では次のように記述されている。

> どう-も 一 (副)①いかにも。まったく。まことに。 用例 —すみません。②どうしても。 用例 —わからない。③どことなく。 用例 —変だ。二 (感)((俗語))①「どうもありがとうございます」「どうもすみません」などの略で、あいさつに使う。 用例 やあ、—、—。
> どう-やら（▽如▽何やら）(副)①なんとか。やっとのことで。anyhow 用例 —ついて来た。②なんだか。どうも。likely 用例 —雨らしい。

　このうち、「ドウヤラ」の②はその意味記述に「ドウモ」が使用されている。このことは両者が類義語として意識されていることを示している。事実、(1)の「ドウヤラ」は「ドウモ」に置き換えることができる。

（1）　月はまだ出ていなかったが、星明りで、ぼんやりあたりが濃淡のむらをつくり、むろん、遠くの稜線などは、はっきり見分けることができた。{どうやら／ドウモ}、岬の先端あたりに、向っているらしい。

　　　　　　　　　　　　　　　　　　　　　　　（安部公房『砂の女』）

以下、2節では先行研究について概観し、「ドウモ」と「ドウヤラ」には「証拠性」による説明と「不確定性」による説明があることを指摘し、本書では「不確定性」による説明に従うことを論じる。次に3節で「ドウモ」と「ドウヤラ」の命題用法とモダリティ用法の連続について論じ、4節でモダリティ用法における文末形式との共起を見る。次に5節で「ドウモ」と「ドウヤラ」の意味について分析し、最後に6節で本章のまとめをする。

2　先行研究

先行研究では、「ドウモ」と「ドウヤラ」について、証拠性の観点から説明したものと、不確定性の観点から説明したものとがある。本節ではこの2つの説について整理し、不確定性の観点から説明したほうがよいことを主張する。

2.1　証拠性

益岡(1991)は「ヨウダ」と「ラシイ」の意味について分析する中で、「「どうやら」や「どうも」は、「何らかの観察や情報からすると」といった意味で用いられていると言ってよさそうである(p.119)」と述べ、これらの副詞との共起を根拠にして「ヨウダ」と「ラシイ」は「判断をもたらす手がかりが現実世界での観察や情報にある(p.118)」ことを表すと説明している。

　また、宮崎(1991)は「ヨウダ」と「ラシイ」に確信度が分化しないことを説明する中で、「「ドウヤラ」「ドウモ」は、確信の弱さを表現するものではないということに注意しなければならない。むしろ、話し手の判断が、恣意的にではなく、証拠に基づいて、ある程度客観的に成立してしまうことを表明するものである。あるいは、そう判断せざるをえない状況が存することを表明すると言ってもよい(p.49)」と論じている[1]。

　しかし、益岡(1991)や宮崎(1991)の説明は「ドウモ」、「ドウヤラ」の意味と「ヨウダ」、「ラシイ」の意味が渾然一体となっており[2]、副詞と文末形式の間で意味記述が循環論に陥る危険性がある。益岡(1991)は両者の関係

を「モダリティの核要素」（文末形式）と「モダリティの呼応要素」（副詞）として捉えているが、両者の独立した意味を分析する必要がある。

2.2　不確定性

一方、田中（1983）は「ドウモ」、「ドウヤラ」、「ナンダカ」を不確実述語として、「「どうやら」「どうも」は、不確実ながらも認定が成り立つということを表すことで不確実述語文の作用構造を顕勢化し、「何だか」は事態の側における漠然たる合致の程度を表すことで同じくその対象構造を顕勢化する、といった事情が観察されるのである（p.84）」と説明している。

　森本（1994）は「どうもこの音楽は単調だ」などの文を観察し、「「どうも」は、話し手にとって、明確にしにくい、特定するのが難しい感情を表すものと考えられよう。この感情は、実際の状況では、疑いや怪しむ気持ちなどとしても現れる（p.84）」としている。しかし、そのすぐ後では「このような性格づけでは、「どうも」の示す文との共起制限を説明するに十分ではない（p.84）」として、ラシイ構文との共起関係を根拠に、証拠性の観点から説明している。一方、「ドウヤラ」については「基本的には「どうも」と同じメカニズムにかかわり、「どうも」と同じように、確実性には不足であるが、不明から明確への動きで特定される（p.93）」としている。結局、森本（1994）は「ドウモ」と「ドウヤラ」を不確実性と証拠性の2つの観点から見た末に、「証拠性による正当化で特徴づけられる（p.95）」として、「証拠性が関与的でないことで特徴づけられ（p.95）」る「サゾ」、「マサカ」、「キット」、「カナラズ」、「ゼッタイニ」と区別している。森本（1994）は「ドウモ」と「ドウヤラ」の区別を試みた点と、ラシイ構文以外に使われる「ドウモ」、「ドウヤラ」を分析の対象に入れた点に特徴がある。

　森本（1994）の説明は議論が入り組んでいるが、整理するとおよそ次のようになる。①「ドウモ」は事態が不確実であると感じる話し手の感情を表す。②「ドウモ」がラシイ構文と共起する理由は、「ドウモ」もラシイ構文もその推論が話し手の認知的経験に基づいており、かつ確信の不足ということで共通するためである。③「ドウヤラ」は「ドウモ」と違って形容詞文に

現れにくく、不確実な事態が確実なものとして捉えられるようになるという変化を表す。しかし、確実性に不足しているという点で「ドウモ」と共通する。④ラシイ構文では「ドウモ」と「ドウヤラ」の意味はほとんど変わらない。

一方、森田（1989）は「ドウモ」、「ドウヤラ」の意味について推量以外にも広く分析している。

どうも　副　感動

事柄の実体・真実がじゅうぶんにつかめないにもかかわらず、なぜそうなるのかその理由がはっきりわからないため、しかと断定できない推量的気分を残した言い方に用いる。

分析　㊀(1)「どうも……ない」と否定と呼応して、"どのようにしても"の意を表す。対象となる事柄が話し手の意志を超えた存在であるため、残念だが思ったとおりになっていかないのである。（マイナス結果）
　「なぜ先生が怒ったのか、どうもよくわからない」（中略）
(2)　この気持ちが進んでくると、"理由はわからぬが何となく、どことなくそう感じられてくる"自発感情を表すようになる。
　「どうも気になってしょうがない」（中略）
(3)　さらに、なぜそうなってくるのかを訝かる気持ちが強まれば、自発的懐疑となる。
　「どうも変だ」「どうも不思議だ」（中略）
(4)　これに話し手の推断を下せば「どうも……ようだ／らしい／かもしれない」"事実はどうかわからぬが、何となくそのように思われる"推量表現となる。「どうやら」に近づく。
　「こんなに皆の成績が悪いところを見ると、どうも問題がむずかしすぎたようだ」（中略）
(5)　はっきりと判断に決着が下されれば、"事実はどうあれ、どっちにしても、いずれにしても……だ"の断定となる。
　「どうも仕方がない。あきらめましょう」「数学はどうも苦手だ」（中

二 この"いずれにしても"の気持ちが弱まって、固定した一つの言葉として慣用化すれば、もはや感動詞である。
「どうも有難うございました」「どうもご馳走さま」(後略)

(森田 1989: 779–780)

どうやら　副

その対象の真の姿がはっきりとはわからないものの、おおよそその輪郭がつかめてきた状態。

分析 (1) ほぼ実現が間違いないと感ずる推定判断。

伝聞したことや、その対象に現れたおよその状態変化から、たぶん間違いなく生起するとして下す推量的判断である。「どうやら……らしい／どうやら……しそうだ／どうやら……ようだ」などの助動詞で受けるところからもわかるように、外面の様子や状況変化のきざしから将然状態にあることを察知する推定判断。確信的とまではいかない。その一歩手前の、かなりあいまいな手さぐり状態である。そのため"はっきりとは断定できないが何となく／何だか／どことなく／たぶん"といった気分が生まれる。

「この分ではどうやら雪になりそうだ」(中略)

(2) ほぼ間違いなく実現に至ったと感ずる判断(「どうやら……た」の形で)

完全な状態に漕ぎつけるまでに種々の紆余曲折を経たが、ほぼ完了のめどが立った、もしくは、やっと完了した段階に用いる。したがって"どうにか辛うじて""何とか"といった気分を伴う。なかなか進まなかったその事柄が次第に終了段階に近づいて、完了の一歩手前の、かなりはっきりした状態に達したことを察知する気持ちである。

「さんざん苦労したあげく、どうやら仕事に目鼻がついてきた」(後略)

(森田 1989: 781)

このように「ドウモ」、「ドウヤラ」は推量文だけでなく、事態が不確定であることを表す知識表明文にも使われる。このような用法との関連から、本書では「ドウモ」、「ドウヤラ」は不確定性の観点から説明できると考える[3]。

3 命題とモダリティ

本節では「ドウモ」と「ドウヤラ」に命題副詞としての用法と、モダリティ副詞としての用法があることを指摘する。

3.1 「ドウモ」

「ドウモ」には命題とモダリティの用法がある。まず、(2)の「ドウモ」は「どのようにも」の意味で使われ、「なりゃしない」という命題要素と結びついている。また、(3)の「ドウモ」は「どのようにも」の意味でも「どういうわけか」の意味でも解釈できる。

（2）「どうもなりゃしないさ……どうにもならないから、地獄の罰なんじゃないか！」　　　　　　　　　　　　　　　（安部公房『砂の女』）

（3）お松は袖を攬まへられながら、ぢつと耳を澄まして聞いてゐる。直き傍のやうに聞こえるかと思ふと、又さうでないやうにもある。慥かに四畳半の中だと思はれる時もあるが、又どうかすると便所の方角のやうにも聞える。どうも聞き定めることが出来ない。（森鷗外『心中』）

一方、(4)、(5)の「ドウモ」は「どういうわけか」の意味で使われた例である。とりわけ「不思議だ」、「変だ」などと結びつくと、事態の成立を訝る気持ちが強くなる。(6)の「ドウモ」は推論を表す「ラシイ」と共起して、当該の事態が断定はできないが成立しそうであることを表している。

（4）この桜の園まで借金のかたに売られてしまうのだからね、どうも不思議だと云って見た処で仕方がない……。　　　（林芙美子『放浪記』）

（5）「どうも己は女の人に物を言ふのは、窮屈でならないが、なぜあの奥さんと話をするのを、少しも窮屈に感じなかつたのだらう。それにあの奥さんは、妙な目の人だ。あの目の奥には何があるか知らん。」

(森鷗外『青年』)

（6）「それに、倉田屋ではどうもなあちゃんを怨んでいるらしいんです」

(青空文庫、岡本綺堂『半七捕物帳　半七先生』)

　以上のように「ドウモ」は「どのようにも」の意味で使われる場合は命題副詞として使われ、「不思議だ」などと共起して事態の認識が不確定であることを表したり、「ヨウダ」、「ラシイ」と共起して推量文に使われたりする場合は、話し手の認識と関わるためモダリティ副詞として機能する。

3.2 「ドウヤラ」

「ドウヤラ」にも命題とモダリティの用法がある。まず、(7)の「ドウヤラ」は「どうにか辛うじて」の意味で使われ、「過ごす」という命題要素と結びついている。(8)の「ドウヤラ」は「ドウヤラ〜シタ」の形で「どうにか辛うじてその状態になった」という意味を表している。当該の事態が完全にではないがある基準点にほぼ近づいたという意識である。(9)の「ドウヤラ」は推論を表す「ラシイ」と共起して、当該の事態が完全にではないがほぼ実現しそうであることを表している。

（7）父の収入で一家六人がドウヤラこうやら過ごすことができる。
（8）どうやら活気のある生活をとり戻した。　　（林芙美子『放浪記』）
（9）底のほうから、けずり取ってみると、斜面にそって砂は流れ落ちるが、勾配はいぜんとして元のままである。どうやら砂には、安定角というようなものがあるらしい。　　（安部公房『砂の女』）

　以上のように「ドウヤラ」は「どうにか辛うじて」の意味を表す場合は命題副詞として使われ、「ヨウダ」、「ラシイ」と共起して推量文に使われる場

合はモダリティ副詞として機能する。一方、「ドウヤラ〜シタ」の形で現状認識を表す場合は、命題ともモダリティともとれる中間的な性質を持っている。

4　文末形式との共起

第4章で示した「茶漉」の「青空文庫」の結果からも分かるように、推量文に使われる「ドウモ」、「ドウヤラ」は「ヨウダ」、「ラシイ」と共起するのが基本である[4]。逆にいえば、「ドウモ」、「ドウヤラ」は「ヨウダ」、「ラシイ」と共起する場合に推論の意味が感じられやすくなる。しかし、とりわけ「ドウモ」の場合は、「ヨウダ」と共起しても推量か婉曲か判断に迷う場合がある。次の(10)、(11)において、話し手は訝りながらも当該の事態が成立すると考えているため、婉曲の可能性も高い。この点で(12)の「ドウヤラ」も同様である。

(10)　どうも、ここの主人は、少し細君に甘いようだて。

（青空文庫、太宰治『失敗園』）

(11)　君は、どうも、僕を信頼していないようだねえ。

（青空文庫、太宰治『惜別』）

(12)　どうやら君は、早合点をしたようだ。

（青空文庫、太宰治『虚構の春』）

これについて本書では、「ドウモ」や「ドウヤラ」自体は話し手の認識が不確定であることを表すにすぎず、知識表明文では事態認識の不確かさを表し、推量文では推論の不確かさを表すと考える。また、「ドウモ」、「ドウヤラ」は兆候や様相の現れを表す「ソウダ」とも共起しやすい。(13)、(14)において「ドウモ」、「ドウヤラ」は兆候の現れが不確かであるように述べることにより、控えめで婉曲的な物言いをしている。

(13) 「どうも唯事じゃあ無さそうですね」

(青空文庫、岡本綺堂『半七捕物帳　金の蝋燭』)

(14) これで横綱への夢もどうやら実現しそうです。

(NHK総合「大相撲夏場所千秋楽」1999.5.23)

　第1章5節で「推論の型」について論じた際、「ヨウダ」、「ラシイ」は帰納推論を行なうことを説明した。これに対し、「ソウダ」は演繹推論を行なう文に使われる。ここで「ドウモ」、「ドウヤラ」がどちらの推論の型に使われるかを調べると、(15)のようにどちらにも使われることが分かる。このことからも、「ドウモ」、「ドウヤラ」は「ヨウダ」、「ラシイ」とは独立した意味を担っていることが分かる。

(15) 「知識(無理な運転をする→事故が起きる)」
　　a. (事故が起きたのを見て){ドウモ／ドウヤラ}無理な運転をしたヨウダ。(帰納推論)
　　b. (無理な運転をしているのを見て){ドウモ／ドウヤラ}事故が起きソウダ。(演繹推論)

　なお、「ドウモ」、「ドウヤラ」は「カモシレナイ」と共起することもある。このような表現は多少不自然ではあるが、「ドウモ明日は雨カモシレナイなあ」のように話し言葉では使えそうである。

(16) どうも、私はこの頃恐怖症にかかっているのかも知れない。人がみなおそろしく思える。　　　　　　　　　　(林芙美子『放浪記』)

(17) どうやら、これまで彼が見ていたものは、砂ではなくて、単なる砂の粒子だったのかもしれない。　　　　　　(安部公房『砂の女』)

5 「ドウモ」、「ドウヤラ」の意味

5.1 「ドウモ」

次に「ドウモ」の意味について見る。(18)、(19) は命題副詞の「ドウモ」である。(18) は「ありがとう」という感動詞を強調する用法で、本書の考察対象からは除外する。(19) の「ドウモ」は「どのようにも (ならない)」の意味で、猫を助けようにもどうしようもないことを表している。

(18) 合計十二銭也を払って、のれんを出ると、どうもありがとうと女中さんが云ってくれる。　　　　　　　　　　　　（林芙美子『放浪記』）

(19) 箱の中で暴れる猫の声がやかましく、気になった。今宵一ト夜の命だと思うと可哀想でもあるが、どうも致方ないとも思われた。
　　　　　　　　　　　　　　　　　　　　　（志賀直哉『濠端の住まい』）

(20) ～ (22) の「ドウモ」はそれぞれ「何とも説明できないが」、「どういうわけか」、「何となく」の意味で使われ、話し手の認識が不確定で事態の成立がはっきりしないことを表している。

(20) それを書いたのは他へ縁付いている細君の一番上の姉で、祖母の病気が今度はどうも面白くないと書いてあった。
　　　　　　　　　　　　　　　　　　　　　（志賀直哉『好人物の夫婦』）

(21) 俳句でもつくってみたくなるけれど、どうも、川柳もどきになってしまう。　　　　　　　　　　　　　　　　　　（林芙美子『放浪記』）

(22) 「どうも変だと思って、電話をかけて見たらやっぱりそうだった」
　　　　　　　　　　　　　　　　　　　　　（志賀直哉『山科の記憶』）

このような不確定の意味を持つ「ドウモ」が推量文に使われると、認識が不確定ながらも 1 つの帰結を導いたことを表すようになる。そこから、当該の事態の成立を示唆する様相の現れが不確定であることを表す表現となる。

(23) 「どうも人ちがいらしい　思いつめているせいかどうもだれでもベムに見えちゃうんだ」　　　　　　　　　（手塚治虫『鉄腕アトム⑧』）

(24) 「ね！　ゆみちゃん、私は、どうも赤ん坊が出来たらしいのよ、厭になっちまうわ……」　　　　　　　　（林芙美子『放浪記』）

(25) 「俺はやはり腸捻転になったのだろう」と蠣太が苦しげに云った。「どうもそうかと思われます」と安甲が答えた。（志賀直哉『赤西蠣太』）

　先行研究では「ドウモ」を証拠性の観点から説明することがあった。しかし、証拠性の意味は「ヨウダ」や「ラシイ」に帰せられるものであり、「ドウモ」自体はあくまでも認識の不確定を表す表現であると考えられる。たとえば、(26)において証拠性の意味を表すのは「ヨウダ」である。このような場面で「ドウモ」を使うと、認識が不確定であるという意味から、根拠に基づきながらも慎重で婉曲的な推論となる。

(26)　「どうも制服の意味が昔と違ってきているようだ。以前は『制服を着てこんなことをしては恥ずかしい』という役割を果たしていたが、今は『制服なら何でも許される』という"甘えの服"になっている。地下鉄構内で"地ベタリアン"をしているのは、セーラー服の子たちで、私服を着てやってるのは見たことがない」
　　　　　　　　　　　　（『中日新聞』2000.2.14 夕刊　投書・40代男性）

　(27)は眼前描写文で、女子工員が旋盤で切削をしているようには見えないことを述べた文である。この場合も「ドウモ」は認識の不確定性を表すのみで、証拠性は表していない。ここで「切削をしているようには見えない」の根拠となっているのは、「やっぱり、金属の切り粉がほとんど見当たらないのである」という文である。「ドウモ」はそれだけの根拠では当該の事態の成立が確証できないという話し手の慎重な態度を表している。

(27)　奥のほうでは数名の女子工員が、旋盤の周りにいる。しかし、どうも

切削をしているようには見えない。やっぱり、金属の切り粉がほとんど見当たらないのである。　　　　　　（李英和『北朝鮮秘密集会の夜』）

5.2 「ドウヤラ」

次に「ドウヤラ」の意味について見る。(28)〜(31)は命題副詞の「ドウヤラ」である。(28)、(29)の「ドウヤラ」は「どうにかこうにか」、「どうにか辛うじて」の意味で使われ、「稼いでいる」、「あざむき通して来た」という命題部分と結びついている。(30)、(31)の「ドウヤラ」は紆余曲折の末「どうにか」期待する結果に近づいたことを表している。これらはいずれも当該の事態が曲がりなりにもある基準点に達していることを表している。

(28) 毎日の生活断片をよくうったえる秋田の娘さんである。古里から十五円ずつ送金してもらって、あとはミシンでどうやら稼いでいる、縁遠そうな娘さんなり。いい人だ。　　　　（林芙美子『放浪記』）

(29) 学校は欠席するし、学科の勉強も、すこしもしなかったのに、それでも、妙に試験の答案に要領のいいところがあるようで、どうやらそれまでは、故郷の肉親をあざむき通して来たのですが、（後略）
　　　　　　　　　　　　　　　　　　　　　　　　（太宰治『人間失格』）

(30) 自分は受験勉強もろくにしなかったのに、どうやら無事に入学できました。　　　　　　　　　　　　　　　　（太宰治『人間失格』）

(31) 現在になって、私はどうやら両親を遊ばせておける位になったのだけれども、その日その日を働いて日銭をもうけて来ている人達なので、仲々私につきそって隠居をして来ようとはしない。
　　　　　　　　　　　　　　　　　　　　　　　　（林芙美子『放浪記』）

この「ある基準点にほぼ近づいた」という意味を持つ「ドウヤラ」が推量文に使われると、当該の事態の成立を示唆する様相の現れが、完全にではないがある基準点にほぼ近づいたことを表すようになる。そこから、様相の現れが不完全であるため確証はできないとする、話し手の慎重で婉曲な推量

態度を表す表現となる。(32)は眼前描写文と推量文の中間的なものである。この文でアナウンサーは眼前の事態について完全には捉えきれていない。しかし、現場の状況やこれまでの経緯から、桑田が抑えとしてマウンドに行くことをほぼ間違いないと判断している。

(32) （桑田がベンチからマウンドに向かうのを見たアナウンサーの発話）
　　　桑田がどうやら抑えとしてマウンドに向かいます。
　　　　　　　　　　　　　（中京テレビ「プロ野球中継　巨人－横浜」1999.9.7）

　(33)、(34)は推量文の例で、「わざとえくぼを見せつけている」、「癈人は喜劇名詞である」ということが、確証はできないがほぼ確実であることを表している。

(33)　女はそのままの姿勢で、ランプの火を見つめながら、いつまでも作ったような笑いをうかべている。どうやら、わざとえくぼを見せつけているのだと気づき、思わず体を固くする。　　（安部公房『砂の女』）
(34)　「癈人」は、どうやらこれは、喜劇名詞のようです。
　　　　　　　　　　　　　　　　　　　　　　　　　（太宰治『人間失格』）

6　第7章のまとめ

第7章では「ヨウダ」、「ラシイ」と共起関係にある「ドウモ」、「ドウヤラ」について考察した。その結果、これらの副詞は不確定性の意味を表し、証拠性の意味は「ヨウダ」、「ラシイ」に帰せられることを主張した。各副詞の意味は次のとおりである。

　「ドウモ」（命題副詞）
　　「ドウモ～ない」の形をとり、「どのようにも」の意味を表す
　「ドウモ」（モダリティ副詞）

話し手の認識が不確定で事態の成立がはっきりしないことを表す
　　（推量文に使われると、当該の事態の成立を示唆する様相の現れが不確定であることを表す）

「ドウヤラ」（命題、モダリティ副詞）
　　当該の事態がある基準点にほぼ近づいたことを表す
　　（推量文に使われると、当該の事態の成立を示唆する様相の現れが完全にではないがある基準点にほぼ近づいたことを表す）

注
1　森本（1994: 96）も両者を「証拠性機能（evidential function）」を担う表現であると説明している。
2　木下（1999: 10）にも同様の指摘がある。ただし、木下（1999）は益岡（1991）の記述自体には従っている。
3　先行研究でいう「不確実」は、本書でいう認識確定性の「不確定」に相当する。
4　益岡（1991: 119）は、「ドウモ」と「ドウヤラ」は「ハズダ」、「ダロウ」、「ニチガイナイ」、「カモシレナイ」とは共起しないとし、木下（1999: 10）は「カモシレナイ」、「ニチガイナイ」とは共起しないとしている。一方、森田（1989）は「ドウモ」は「カモシレナイ」と共起するとしている。

第8章　記憶による想起を表す「タシカ」

1　はじめに

第 8 章では話し手の記憶による想起を表す「タシカ」について考察する。「タシカ」は当該の事態の成立を話し手の記憶によって確認する点で、未知のことを推論する「キット」、「タブン」、「オソラク」とは区別される。以下、2 節で先行研究について概観し、3 節で文末形式との共起について見る。それを受けて 4 節で「タシカ」の意味について分析し、5 節で本章のまとめをする。

2　先行研究

森田 (1989) は「タシカ」と「タシカダ」に共通する意味を「ある対象や事柄に対し、なんらかの拠り所をもとに、それが間違いなく成り立つという判断 (p.638)」であるとし、「「確か」は、事柄の成立を、ある客観的な根拠をもとに"間違いなく"と判断する働きを持つ。そこで、話し手自身の記憶による事実を受けると、"判断の根拠は記憶なので不確かだが、その記憶が正しいとすればその事柄は間違いなく成立するはずだ"という含みを持った表現となる (p.639)」と説明した。

　小林 (1992) は「タシカ」と「タシカニ」を類義語として分析し、「タシカ」について次のように説明している。

「確か」も「確かに」と同じように、先に述べられている事、あるいはこれから述べようとすることが確かなものであると、確認する表現意図をもっている陳述副詞である。しかし、「確かに」がコトを問題にするのに対して、「確か」は話し手の発話態度を問題にしているのである。つまり、「確かに」が、そのコトが確実であるということを確認するのに対して、「確か」は、話し手の判断の根拠となったそのコトの記憶を確認するものである。その結果、逆に、話し手の判断があやふやであることを示し、コトの内容が不確かであることを表現することになる。

(小林 1992: 10)

確か　・話し手の判断の根拠となった記憶を、「確かだ」と自らに確かめようとする表現。結果的に、不確かであることを示す。
　　　・意向、命令、依頼、願望には使わない。　　　(小林 1992: 15)

　小林(1992)の特徴は、第1に「タシカ」は話し手の発話態度、「タシカニ」はコトを問題にすることを指摘した点、第2に両者に「確認」という意味のあることを指摘した点にある。この「確認」という意味は両者を「タブン」や「カクジツニ」から区別する特徴となっている[1]。

　森本(1994)は「タシカニ、タシカ、アキラカニ、モチロン、ジツハ、ジジツ」を1つのグループにまとめ、その特徴を「文の命題内容についての真理判断にかかわっており、文の内容に認識的なコメントをつける(p.108)」としている。そのうえで、「「たしか」は、文の内容が話し手の心の中に知識／情報として蓄えられている場合だけ妥当であることが、一貫して示される(p.111)」とし、「「たしか」は、英語でいうなら、'If I remember correctly' に近い。日本語で説明的にいいかえると、「わたしの記憶する限りでは」のようになるだろう(p.111)」と説明している。

　先行研究でも指摘されているとおり、本書でも「タシカ」は話し手の記憶による判断を表すと考える。

3　文末形式との共起

「タシカ」は推量文、意志文、命令文、勧誘文には使えず、想起文に使われる。

(1) a. ＊明日はタシカ学校に行くだろう。(推量文)
　　b. ＊明日はタシカ学校に行くぞ。(意志文)
　　c. ＊明日はタシカ学校に行けよ。(命令文)
　　d. ＊明日はタシカ一緒に学校に行こうね。(勧誘文)
　　e. 　明日はタシカ一緒に学校に行くはずだ。(想起文)

第4章で示した「茶漉」の「青空文庫」の結果からも分かるように、「タシカ」は確言を表す文には使われるが、概言を表す文には使いにくい。

(2) a. 　昨日はタシカ雨が降った {φ／ハズダ／ト覚エテイル}。
　　b. ＊昨日はタシカ雨が降った {カモシレナイ／ニチガイナイ／ヨウダ／ラシイ／ダロウ}。

次は「タシカ」が「φ」と共起している例である。(5)は「ラシイ」と共起しているが、この「ラシイ」は伝聞を表していることに注意したい。

(3)　それは確か、つぐみが中学に入ったばかりの時だった。
　　　　　　　　　　　　　　　　　　　(吉本ばなな『TUGUMI』)
(4)　真白な名札が立って、それにはMISSのついた苗字が二つ書いてあったっけ。……そう、その一方が確かMISS SEYMOREという名前だったのを私は今でも覚えている。　　　(堀辰雄『美しい村』)
(5)　本多は足をゆるめ、手帳をとりだしてひろげた。「鵜原さんの前の下宿の住所ですが、事務所の者に聞いたのです。たしかこの辺らしいのですが」　　　　　　　　　　　　　(松本清張『ゼロの焦点』)

また、「タシカ」は「ハズダ」とも共起しやすい。

（6）「おや、鍵がはずれてる。たしか閉めといたはずだがな」
　　　　　　　　　　　　　　（東海テレビ「妖怪人間ベム」2000.8.22）
（7）高校もほとんど行っていないため、由香里の化学の知識は、ほとんどないに等しかったが、体操の選手が、よく鉄棒の前に手をつけているのが、たしか炭酸マグネシウムだったはずだ。
　　　　　　　　　　　　　　（貴志祐介『十三番目の人格—ISOLA—』）
（8）児玉は受け取った顧問料などで「たしか、ワリフドー（日本不動産銀行の割引債券）を買ったはずだが」と答えた。　（魚住昭『特捜検察』）
（9）「金庫のなかにゆいごん状がたしかあるはずです」
　　　　　　　　　　　　　　　　　　　　（手塚治虫『バンパイヤ①』）

　木下（1999）は「ハズダ」について、「命題が「推論」の結果ただ一つ導かれたことを表わす。「推論」の際、「前提 E」の存在が意識されている（p.101）」と説明している[2]。この「前提 E」とは、「「推論」の際、例外的な事態については考慮しないという前提（p.99）」のことである。たとえば、「名古屋で8時に東京行の新幹線に乗れば、10時に東京駅に着くハズダ」という文は、途中で事故が起きる、地震が発生するなど例外的な事態が生じない限り、名古屋で8時に東京行の新幹線に乗れば10時に東京駅に着くことを表す。一方、「タシカ」は話し手の記憶に間違いがなければその事態が成立することを表す。この「記憶に間違いがなければ」という気持ちと「例外的な事態が生じない限り」という「ハズダ」の前提意識とが馴染むため、両者は共起しやすいと考えられる。

　また、話し手の記憶が確実な場合、「ゼッタイニ」、「マチガイナク」、「タシカニ」は使えるが、「タシカ」を使うことはできない。このことから、「タシカ」による判断は不確かな記憶によるものであると考えられる。

（10）（昨日雨が降ったことをはっきり記憶している場合に）

a. ＊タシカ昨日は雨が降った。
b. ｛ゼッタイニ／マチガイナク／タシカニ｝昨日は雨が降った。

「タシカ」は次のように「ヨウナ心モチガスル」、「ヨウニ思ウ」と共起すると、確信度が低く感じられる。しかし、この場合も話し手はその記憶が不確かではあるが、間違いないと思う方向に傾いている。

(11)　こんな事は確か何かの草紙に、書いてあったような心もちがする。
　　　　　　　　　　　　　　　　　　　　　　　　　（芥川龍之介『好色』）
(12)　その厨子の上には経文と一しょに、阿弥陀如来の尊像が一体、端然と金色に輝いていました。これは確か康頼様の、都返りの御形見だとか、伺ったように思っています。　　　　　　（芥川龍之介『俊寛』）

4　「タシカ」の意味

森田(1989)は「タブン」と「オソラク」について説明した部分で、「タシカ」について次のように述べている。

> （杉村注：「オソラク」と「タブン」は、）過去の事態に用いられれば不確かな記憶を表す「確か」と同じ意味になる。
> 「あれは恐らく一昨年の朝のことだったと思います」「たぶん去年の夏休みだったと思うよ」など。
> 　ただし、「確か」と違って、確認をする言い方を持たない。
> 「確かあなたは山田さんでしたね」を「恐らく／たぶん」に言い換えることはできない。
>
> 　　　　　　　　　　　　　　　　　　　　　　　　　（森田 1989: 374）

　森田(1989)は過去の事態について述べる場合、「タシカ」と「タブン／オソラク」は置き換え可能であるとしている。しかし、同じ過去の事態であっ

ても、話し手にとって未知の事態に「タブン／オソラク」を使うことはできても、話し手の記憶を思い出して述べる場合には「タブン／オソラク」は使いにくいと思われる。

宮崎(1992)は想起を表す(15)の文について、「(69)の場合、「図書館ノ休館日ハ月曜日デアル」という情報は、話し手の知識として定着しておらず、あやふやな記憶を頼りにして、話し手は発話時に新たに判定を下しているのである(p.52)」と説明している。

(15)「図書館の休館日はいつですか?」「たぶん、月曜日だったと思います。」　　　　　　　　　　　　　　　　　　　（宮崎1992の例文(69)）

しかし、(15)は軽い話し言葉などで使われることはあるにしても、やはり不自然な感じがする。「タブン」が発話時において新たに判定を下すというのは本書と同じ考えであるが、その場合は「たぶん、月曜日だと思います」のようにいうと思われる。話し手自身の記憶をたどる場合、あやふやな記憶であったとしても、「タシカ」を使ったほうが自然である。

以上のように、話し手自身の記憶による判断を行なう場合、「タシカ」は普通に使われるが、「タブン／オソラク」は少し使いにくいと思われる。これは「タブン／オソラク」が未知推量を表すのに対し、「タシカ」は話し手の記憶による判断を表すためである。実際、(16)に示すように「タシカ」は未知推量を表すことができない。

(16)「知識(無理な運転をする→事故が起きる)」
　　a.《帰納推論》(事故が起きたのを見て)
　　　＊タシカ無理な運転をしたハズダ。
　　b.《演繹推論》(無理な運転をしたのを見て)
　　　＊タシカ事故が起きるハズダ。

また、「タシカ」は当該の事態が話し手の記憶に存在するため常に既定的

である[3]。したがって、話し手の記憶の中にあることであれば、事態の実現する時間にかかわらず「タシカ」を使うことができる。

(17) a.　昨日は<u>タシカ</u>日曜日だったね。（過去の事態）
　　 b.　今日は<u>タシカ</u>日曜日だったね。（現在の事態）
　　 c.　明日は<u>タシカ</u>日曜日だったね。（未来の事態）

　一方、「タブン／オソラク」は発話時点で初めて推論するため、これらの文に使うと不自然な文となる。

(18) a.　?昨日は｛<u>タブン</u>／<u>オソラク</u>｝日曜日だったね。（過去の事態）
　　 b.　?今日は｛<u>タブン</u>／<u>オソラク</u>｝日曜日だったね。（現在の事態）
　　 c.　?明日は｛<u>タブン</u>／<u>オソラク</u>｝日曜日だったね。（未来の事態）

5　第8章のまとめ

第8章では話し手の記憶による想起を表す「タシカ」について考察した。「タシカ」の意味は次のとおりである。

　「タシカ」
　　当該の事態の成立を話し手の記憶によって確認することを表す

注
1　本書では考察の対象としていないが、「タシカニ」は次のように談話上の前提を受け、それに同意する意味を表す。
　　（ⅰ）「あの女には不思議な魔力があるんですな」
　　　　「<u>確かに</u>あれは魔力ですなあ！　僕もそれを感じたから、もうあの人には近寄るべからず、近寄ったらば、此方が危いと悟ったんです。—」

(谷崎潤一郎『痴人の愛』)

次の例文は小説の冒頭部分に使われたものである。このように「タシカニ」が前提なしで使われると唐突な感じがする。この場合、つぐみがいかにいやな女の子だったのか説明するくだりを省略することにより、読み手を突然物語世界に引き込む効果をもたらしている。このことからも「タシカニ」が前提を踏まえた表現であることが分かる。

(ⅱ)　確かにつぐみは、いやな女の子だった。　　　　(吉本ばなな『TUGUMI』)

「タシカニ」は他者の考えや話し手自身の当初の考えに間違いのないことを表し、「カクジツニ」は失敗や間違いをすることなく正確に事態が成立することを表す。この点で「タシカニ」は前提を踏まえない「カクジツニ」と区別される。これについては杉村(2000c)を参照。

(ⅲ)　運がいいとか悪いとか人は時々口にするけど　そうゆうことって{確かに／*カクジツニ}あるとあなたを見ててそう思う(さだまさし『無縁坂』)

(ⅳ)　私はもちろん私の死において彼等に会い得ることを{確実に／*タシカニ}は知っていない。　　　　　　　　　　　　　　　　(三木清『人生論ノート』)

2　木下(1999)は「ハズダ」をモダリティ表現と捉えているが、本書ではモダリティは「ダ」の部分のみで、「ハズ」の部分は命題に属すと考える。

3　木下(1998)は、「「既定性」とは、発話時点において、既にどこかで真偽が定まっていることをいう (p.171)」と定義している。過去や現在の事態はもとより、未来の事態でもすでに予定として決まっていれば既定的である。

第 9 章　事態の想定外を表す「マサカ」

1　はじめに

　第9章では否定副詞[1]「マサカ」について考察する。森田(1989)や森本(1994)をはじめ従来「マサカ」は可能性を否定する表現、あるいは否定推量を表す表現であるとされてきた。しかし、本書では可能性の否定や否定推量は「ハズガナイ」や「マイ」などに帰せられる意味であると考える。たしかに、「マサカ」は可能性を否定したり、否定推量を行なったりする場面で使われることが多い。

（1）　マサカ太郎が謝るはずがない。（可能性の否定）
（2）　マサカ太郎は謝るまい。（否定推量）

　しかし、単に事態が「想定外」のものであることを表す場合にも使われる。

（3）　マサカ太郎が謝るとは思わなかった。
（4）　マサカ太郎が謝るとは知らなかった。

　このような事実から、本書では「マサカ」は当該の事態が想定外のものであることを表す表現であると考える。以下、まず2節で先行研究を再検討して分析の視点を定める。次に3節で同じ否定副詞「ケッシテ」と比較しな

がら、「マサカ」がモダリティ副詞であることを述べ、4節で「マサカ」がいかなる否定構文において使われるのかを明らかにする。そのうえで5節で「マサカ」の意味について分析し、6節で本章のまとめをする。

2　先行研究

「マサカ」について先行研究では次のように記述されている。

>　森田（1989: 1055, 1057）
>　　「真実である可能性、または実現の可能性のありそうなもののうちから、仮に一つを想定して、それが現実となる可能性を強く否定したい、あるいは否定しなければならない気持ちを表す」「対象の状態や自身の行為に対して否定的意見を加える表現であるから、多く打ち消し「ない」を後に伴い、意志や推量の言い方を要求する」

>　飛田・浅田（1994: 487）
>　　「可能性が非常に低いという判断を表す。ややマイナスイメージの語。後ろに打消しや否定の表現を伴う述語にかかる修飾語になることが多い」

>　小学館辞典編集部（1994: 221）
>　　「ある事態の生じる可能性を強く否定したり、実現することが意外だと思う気持ちを表わす」「打消しや反語の表現を伴って使われ、まったく意外である、容易には信じられないという気持ちを表わす」

>　Makino and Tsutsui（1995: 168）
>　　'The adverb **masaka** is used to express the speaker's strong belief that an action or a state is not expected to become or to have become a reality. The action or the state is usually something that is not desirable for the

speaker, but not always.'

　'The final predicate is either a thinking verb, a conjecture expression **daro,** or an expectation expression **hazu,**（wake ni wa iku）**mai,** and all take a negative form, as shown in Formation.'

　これらの記述をまとめると、「マサカ」の特徴は①否定表現において使われる、②可能性の低いことを表す、可能性を強く否定する、③意外だという気持ちを表すということになる。以下、「可能性の低いことを表す」、「可能性を強く否定する」という意味は「ハズガナイ」、「マイ」などに帰せられる意味であり、「マサカ」自体は当該の事態が想定外のものであることを表す表現であることを主張する。

3　命題とモダリティ

3.1　主観性判定テスト

次に「マサカ」の主観性について見ると、「マサカ」は否定や疑問の焦点とならないためモダリティ副詞であることが分かる。この点で、同じ否定副詞の「ケッシテ」や「ゼンゼン」とは性質が異なる[2]。

(5) a. ＊太郎はマサカ風邪を引かないのではない。(引くこともある)
　　b.　太郎はケッシテ風邪を引かないのではない。(引くこともある)
　　c.　太郎はゼンゼン風邪を引かないのではない。(引くこともある)
(6) a. ＊太郎はマサカ風邪を引かないのですか。
　　b.　太郎はケッシテ風邪を引かないのですか。
　　c.　太郎はゼンゼン風邪を引かないのですか。

3.2　「マサカ」と「ケッシテ」の主観性の違い

次に「ケッシテ」と「マサカ」の主観性の違いについて見る[3]。工藤(1983)は「ケッシテ」の位置付けに関して、(7)〜(9)を根拠にして、以下のよう

に説明している。

(7) ｛たいして／?けっして｝ おもしろくない話
(8) cf. けっして ｛おもしろくはない話／おもしろいとは言えない話｝
(9) きっと ｛たいして／?けっして｝ おもしろくないだろう。

　　　「けっして」はクローズ性の弱い連体句に収まりにくいし、また叙法副詞「きっと」と共存するには、重複の感が強すぎるだろう。「けっして」は「たいして」等よりは「まさか・よもや」の方に近いのである。
（工藤 1983: 190–191）

　これに対し、原（1992）は工藤（1983）の指摘を一応認めつつも、「ところが、動詞が連体修飾句になる場合は、"決して"を用いることができる（p.76）」と指摘した。しかし、「ケッシテ」は動詞に限らず「ケッシテ安くない学費」、「ケッシテ苦くない薬」のように形容詞の場合にも使える。このように、「ケッシテ」は必ずしも「マサカ」に近いとはいえないことが分かる。
　一方、北原（1975）は「君の意見を決して受け入れない人は…のような表現が可能であるのも、「決して」が陳述修飾成分に属するものではないからである（pp.31–32）」として、「ケッシテ」を客観・主観の中間的なものとした。たしかに、次のように「ケッシテ」は連体修飾成分となる。

(10) 日本から朝鮮に帰国した人はおよそ十万人。私の友人、知人も何人も帰国している。十万人という数はけっして少なくない数字である。
（萩原遼『ソウルと平壌』）
(11) 消費者への損害補償の仕組みの制度化も、けっして無視できない問題である。　　（新藤宗幸『行政指導―官庁と業界のあいだ―』）

　さらに、「ケッシテ」は次のような従属句にも入る。

(12) しかし今、知った。はっきりと言葉にして知ったのだ。決して運命論的な意味ではなくて、道はいつも決まっている。
(吉本ばなな『満月—キッチン2』)
(13) 人との間にとったスタンスを決してくずさないくせに、反射的に親切が口をついて出るこの冷たさと素直さに、私はいつでも透明な気持ちになった。　　　　　　　　　　（吉本ばなな『ムーンライト・シャドウ』）
(14) もう決して眠れずに夢の余韻に苦しむひとりきりの夜明けだ。いつも、その頃に目が覚めるのだ。
(吉本ばなな『ムーンライト・シャドウ』)

　これらの従属句は南(1974、1993)のB類の従属句に相当する。南(1974、1993)は文の構造を階層的に捉え、「ことがら（ディクトゥム）的側面」から「陳述的（モドゥス）側面」へ向かって、「描叙段階」、「判断段階」、「提出段階」、「表出段階」の4つの階層があるとし、それに対応して従属句にA～Cの3類があるとした。B類の従属句はこのうちの「判断段階」に属す。南(1993: 211)は「ケッシテ」を「トウテイ」、「メッタニ」、「ロクニ」、「ゼンゼン」と同じB類の従属句とし、南(1974: 133)は「オソラク」、「タブン」、「マサカ」をC類の従属句（「提出段階」）としている。本書でも「ケッシテ」は「マサカ」に比べ客観的な性質を示すと考える[4]。

3.3　話し手の心的態度

次に「マサカ」が「話し手」の心的態度を表すことを見る。(15)、(16)で「マサカ」といっているのは話し手である。

(15) 「僕もさう思つた。しかしまさか梁山泊の豪傑が店を出したと云ふわけでもあるまい。」　　　　　　　　　　　　　　　（森鷗外『雁』）
(16) 「まさかお父さんも羅両峯の畫がお芳にわかるとも思つてゐないんでせうが。」　　　　　　　　　　　　　（芥川龍之介『玄鶴山房』）

一方、(17)、(18) で「マサカ」といっているのは、話し手(書き手)以外の人物(「末造」、「部長」)である。しかし、この場合も話し手に準じて考えることができる。

(17) 中には随分職人の真似をして、小店と云ふ所を冷かすのが面白いなどと云つて、不断も職人のやうな詞遣をしてゐる人がある。併し<u>まさか</u>眞面目に聲色を遣つて歩く人があらうとは、<u>末造</u>も思つていなかつたのである。　　　　　　　　　　　　　　　　　　（森鷗外『雁』）
(18) <u>部長は</u>部下をリストラしようとしているが、<u>マサカ</u>自分がリストラされるはずはないと思っている。

　(17)は小説などでよく見られる手法で、作者は登場人物の末造に感情移入することにより末造の身になって「マサカ」といっている。一方、(18)の「マサカ」は「と思っている」の引用文に入っており、引用文の話し手である部長の心的態度を表している。

3.4　発話時点での心的態度

次に「マサカ」が「発話時点」での心的態度を表すことを見る。(19)の「マサカ」は現在文に使われ、「総理が辞める」という事態が発話時点で想定外のことであることを表している。一方、(20)は発話時点から過去を振り返り、それが想定外の事態であることを表した表現である。この場合、「マサカ」は過去文に使われているが、想定外の気持ちを抱いたのは発話時点であることに注意したい。

(19) 総理が辞任するとは聞いているが、<u>マサカ</u>本当に辞めるとは思わない。
(20) 総理が辞任するとは聞いていたが、<u>マサカ</u>本当に辞めるとは思わなかった。

（21）、（22）も同様で、発話時点以前に「看護婦さんに早とちりされる」、「車が海へ落ちて中の人間が死ぬ」と想定していたわけではない。

（21）「まさか看護婦さんに早とちりされるとは思わなかった。」
（CBC テレビ「ザ・ドクター」1999.7.25）
（22）「まさか車が海へ落ちて中の人間が死ぬとは思わなんだ‼」
（手塚治虫『七色いんこ⑤』）

　一方、（23）、（24）の「マサカ」はこの文の発話時点（執筆時点）のものではない。しかし、これらは（23）´、（24）´のような直接話法の文がもととなっているため、結局この場合の「マサカ」も発話時点における話し手の心的態度を表していると考えられる[5]。

（23）　執行官を命じられた刑務官の人たちも、まさか今年は執行があろうとは考えていなかったのではあるまいか。
（大塚公子『死刑執行人の苦悩』）
（24）　特務たちが吉林省の隅々まで探しまわったはずなのに、外事処だけはすっぽりと抜かしていたようだった。まさかここまで手を打っていたとは思ってもいなかったのだろう。
（康明道著　尹学準訳『北朝鮮の最高機密』）

（23）´　刑務官の人たちは「マサカ今年は執行がないだろう」と考えていた。
（24）´　特務たちは「マサカここまで手を打っていないだろう」と思っていた。

　このように「マサカ」は常に発話時点における話し手の「想定外」の気持ちを表している。たとえば、（25）において総理は実際には辞めていない。この場合、話し手はもともと「総理は辞めない」と思っており、発話時点において改めて「総理が辞める」ということが想定外のことであることを述べ

ている。(26)では実際に総理が辞めている。この場合、「総理が辞める」ことは考えもしなかったことであると、発話時点において述べている。(27)、(28)では総理はまだ辞めていない。この場合、「総理が辞める」ことは発話時点において想像もつかない事態であることを表している。

(25)　総理は辞任すると言っていたが、マサカ本当に辞めるはずがなかった。
(26)　総理は辞任すると言っていたが、マサカ本当に辞めるとは思わなかった。
(27)　総理は辞任すると言っているが、マサカ本当に辞めるはずがない。
(28)　総理は辞任すると言っているが、マサカ本当に辞めるとは思わない。

　これに関して、次の(29)～(32)のような許容度の違いが観察される[6]。これは「～とは聞いていたが」の後には「そのとおりになった／ならなかった」のように確定した事態を述べるのが自然であり、「～とは聞いているが」の後には「そのとおりになるだろう／ならないだろう」のように未確定の事態を述べるのが自然だからである。

(29)　彼が会社を辞めるとは聞いていたが、マサカ本当に辞めるとは思わなかった。
(30)？彼が会社を辞めるとは聞いていたが、マサカ本当に辞めるとは思わない。
(31)？彼が会社を辞めるとは聞いているが、マサカ本当に辞めるとは思わなかった。
(32)　彼が会社を辞めるとは聞いているが、マサカ本当に辞めるとは思わない。

　以上、「マサカ」は発話時点における話し手の心的態度を表すことを明らかにした。

4　文末形式との共起

「マサカ」は同じ否定文でも、(A)のように共起する場合と(B)のように共起しない場合とがある。(第4章の「茶漉」検索を参照)

(A)　マサカ〜ナイダロウ、マイ（真偽判断）
　　　マサカ〜トハ思ワナイ、トハ思ワナカッタ、トハ知ラナカッタ（思考・知識）
　　　マサカ〜ワケニハイカナイ、モノカ、ワケガナイ、ハズガナイ（道理）
(B)　*マサカ〜シナイ、デハナイ（断定）
　　　*マサカ〜シナイ（意志）
　　　*マサカ〜シタクナイ（願望）
　　　*マサカ〜スルナ、シナイデクレ（命令・依頼）
　　　*マサカ〜スルベキデハナイ、シナイホウガイイ（当為）
　　　*マサカ〜シテホシクナイ（希求）
　　　*マサカ〜ない（存在）

　従来、「マサカ」は否定推量を表すとされてきた。森本(1994)は「その、推量されたことが起こる／起こったというのは、不可能であるという、話し手のコメントを表す(p.72)」と定義し、「話し手の側の推量的態度という特徴をこのグループのほかの副詞[7]と共有する(p.73)」としている。たしかに、「マサカ」は話し手にとって未知の事態を推論する文脈にも使われる。

(33)　「田中総理が五億円の提供を受け入れられたことは、私にもかなり期待感を抱かせたことは事実でした。檜山社長の頼みごとを受け入れた以上、まさかないがしろにされることはあるまいと考えました。（後略）」
　　　　　　　　　　　　　　　　　　　　　　　（魚住昭『特捜検察』）
(34)　「まさかあなたはブッダの命をねらってるのではないでしょうねっ」
　　　　　　　　　　　　　　　　　　　　　　　（手塚治虫『ブッダ⑩』）

しかし、(35)〜(38)の「マサカ」は否定推量を表しているわけではなく、当該の事態の成立が話し手の想定外の出来事であることを表しているにすぎない。(35)でも「マサカ」は「ニチガイナイ」ではなく「考えていなかった」と共起していると考えられる。その証拠にこの文に「キット」を加えると、「キット［マサカ突然自分を死が襲ってくるとは考えていなかった］ニチガイナイ」となり、「マサカ」は「考えていなかった」に係っていることが明確になる。

(35) 孫は処刑された七月十七日の朝、まさか突然自分を死が襲ってくるとは考えていなかったにちがいない。
（大塚公子『死刑囚の最後の瞬間』）
(36) まさか、同じ朝鮮同胞の人たちに私の心を踏みにじられるとは夢にも思わなかった。
（朝鮮日報『月刊朝鮮』編、夫址榮訳『祖国を棄てた女』）
(37) 一方、まさか謀られたとは知らぬ青年は、いつものようにテーブルの前に座って飲んだくれて管を巻いていた。
（桐生操『本当は恐ろしいグリム童話』）
(38) あの症状こそ潜伏期を経過しての、天然痘の初期状況であったのだが。まさか自分がそんな病気にかかっているとは思いもよらなかった。
（鈴木光司『リング』）

以上のことから、「マサカ」は「当該の事態が想定外のものであることを表す表現」であると考えられる。この想定外という意味が推論や道理を表す文脈において、「当該命題の成立する可能性を否定しようとする話し手の強い心的態度」[8]となって現れるのである。

また、「マサカ」は「ダロウ」や「マイ」とは共起するが、「ダ／φ」、「カモシレナイ」、「ニチガイナイ」、「ヨウダ」、「ラシイ」とは共起しないという特徴がある。(39a)は「マサカ明日は雨が降るダロウとは思えない」の意味で使われるため適格となる。(39b)は否定の「ない」が命題の外側にあり、

事態が想定外のものであることを表すため適格となる。一方、(39c)は否定の「ない」が命題の中に入り、想定外の意味とならないため不適格となる。

(39) a. <u>マサカ</u>明日は雨が降らない<u>ダロウ</u>。
　　 b. <u>マサカ</u>明日は雨が降る｛<u>マイ</u>／<u>ハズガナイ</u>／<u>ワケニハイカナイ</u>／<u>トハ思ハナイ</u>｝。
　　 c. *<u>マサカ</u>明日は雨が降らない｛<u>φ</u>／<u>カモシレナイ</u>／<u>ニチガイナイ</u>／<u>ヨウダ</u>／<u>ラシイ</u>｝。

　以上のように見てくると、先の(B)の文は何らかの想定について述べた文ではないため、「マサカ」を使うことができないことが分かる。したがって、次の文には表面上(B)の形式が現れているが、「マサカ」は文末の「ノデハナイダロウカ」と共起していると考えられる。

(40)　彼は<u>マサカ</u>私と結婚<u>シタクナイ</u>んじゃないだろうか。
(41)　父は<u>マサカ</u>私に結婚<u>シテホシクナイ</u>んじゃないだろうか。

　なお、(B)の文でも「ハ」で取り立てると適格となるとの指摘もある[9]。

(42)　<u>マサカ</u>今さら海外に行って、もう一度外国語の勉強など<u>したくはない</u>。
(43)　<u>マサカ</u>まだ18にもならない娘をたぶらかすようなことは<u>しないでくれ</u>。
(44)　<u>マサカ</u>またうちの娘を<u>誘惑してほしくはない</u>。

　しかし、これらの表現は次のような意味を表しており、文面には現れていない(A)の形式と共起していると考えられる。

(42)′ <u>マサカ</u>今さら海外に行って、もう一度外国語の勉強など<u>しようとは</u>

思わない。

(43)′ マサカそんなことはないと思うけど、まだ 18 にもならない娘をたぶらかすようなことはしないでくれ。

(44)′ マサカもうしないと思うけど、またうちの娘を誘惑してほしくはない。

次に「マサカ」と比較するために「ケッシテ」、「ゼンゼン」について論じる。「ケッシテ」は先の (A)、(B) のうち存在の「ない」以外とは共起するが、存在の「ない」とは共起しない。本田 (1981a, 1981b) は次の例を挙げ、形容詞の「ない」と「ケッシテ」が共起しないことを指摘している[10]。

(45) *仕事をする気が決して無い。　　　　　　　（本田 1981a）
(46) *そういうことに使う予算は決してなかった。　　（本田 1981a）
(47) *貧乏を根絶する望みは決してない。　　　　　（本田 1981a）
(48) *ここにはあなたの読むような本は決して無い。　（本田 1981a）

ところが、次のような「ない」は「ケッシテ」と共起する。上の (45)～(48) の「ない」と (49)、(50) の「ない」では、前者が事態の非存在を表すのに対し、後者は当該の事態の成立を否定し、「そのようなことはありえない」ということを表すという点で違いがある。

(49)　ここでは強き者が辱しめられることは決してない。　　（本田 1981b）
(50)　大統領に限って不倫なんかケッシテないと思います。

ここで (48) を (51)、(52) のように変えると容認可能な文となる。両者の違いは、(48) の「ない」が単に本の非存在を表しているのに対し、(51)、(52) の「ありません」、「ありはしない」は「ここにあなたの読むような本がある」という断定の態度を否定している点にある。

(51) ここにはあなたの読むような本はケッシテありません。
(52) ここにはあなたの読むような本はケッシテありはしない。

　形容詞の「ない」はたしかに否定的な表現である。しかし、「ない」は「ある」ことを否定する表現ではなく、非存在ということを肯定的に述べる表現である。一方、「ありません」や「ありはしない」は、「ある」という事態の成立を否定する表現である。このことからも「ケッシテ」は当該の事態の成立を否定する場合に使われることが分かる。
　一方、「ゼンゼン」は頻度、数、量などの程度がゼロであることを表す表現である[11]。したがって、(53)のように程度量のある事態には使えるが、(54)のように程度量のない事態には使えない[12]。

(53)　今の調子じゃ、あと数年巨人はゼンゼン優勝しないだろう。
(54) *今の調子じゃ、今年の巨人はゼンゼン優勝しないだろう。

　非存在を表す「ない」も存在の程度がゼロであることを表すため、「ゼンゼン」と共起することができる。しかし、同じ否定文でも禁止や不適当を表す場合は、こうした程度量があるわけではないので非文となる。

(55)　ここにはあなたの読むような本はゼンゼンない。
(56) *あなたはゼンゼン本を読むな。
(57) *あなたはゼンゼン本を読むべきではない。

　以上、「マサカ」の使われる文の特徴について見た。

5 「マサカ」の意味

5.1 想定外

次に「マサカ」の意味について考察する。(58)において、「マサカ」は「話

し手自身が厚生大臣になり、以前自分たちが出した質問主意書に自ら回答を出す立場になる」という事態が想定外の出来事であることを表している。

(58) さて、私のアドバイスを受け、枝野議員は原告団の弁護士とも相談しながら、二度にわたってかなり細かいところまで突っ込んだ質問主意書を提出した。二度目の質問主意書に対して、厚生省から、とても七日以内には回答できない内容だったので、回答期限を延長して、二カ月以上先の二月末まで待って欲しいという回答が来ていた。この時点では、<u>まさか私が厚生大臣になり、その回答を出す立場になるとは、私も枝野議員も思ってもいなかった</u>（村山内閣が退陣することすら、予想もしていなかったのだから）(後略) 　　　　　（菅直人『大臣』）

この「想定外」の意味が文脈によって「身の程知らずだ」、「そうあって欲しくない」、「信じたくない」などのニュアンスにつながっていく[13]。

(59) <u>マサカ</u>お前のようなやつが総理大臣になるなんて考えもつかないや。
(60) 哲明は顔を曇らせた。<u>まさか</u>、その資料の中からある一人を捜して欲しいと言い出すのではあるまいかと。　　　　　（鈴木光司『リング』）
(61) だが、心理学者やカウンセラーには、直感や印象を重んじる人が多い。凡庸な人間はまったくの役立たずでしかないが、中にはどんな非凡な洞察力を持った人物がいて、一足飛びに由香里の秘密に迫らないとも限らない。<u>まさか</u>、すぐに彼女がエンパスであることを見破られるようなことはないだろうが……。
　　　　　（貴志祐介『十三番目の人格―ISOLA―』）

ここで本書でいう「想定外」の概念について定義しておく。本書では次の1〜3をまとめて「想定外」と呼ぶことにする。それぞれの例を(62)〜(64)に挙げておく。

［想定外］
1. 当該の事態の成立について特に考えていなかった場合に、当該の事態が成立すること
2. 当該の事態が成立する可能性を否定していた場合に、当該の事態が成立すること
3. 他の事態が成立する可能性を考えていた場合に、当該の事態が成立すること

(62) 「何してんの？ まさかその穴にピーマンすてる気じゃないでしょうね」　　　　　　　　　　　　（臼井儀人『クレヨンしんちゃん⑤』）
(63) ピーマンをすてないと思っていたけど、まさかその穴にピーマンすてる気じゃないでしょうね。
(64) ちゃんとピーマンを食べると思っていたけど、まさかその穴にピーマンすてる気じゃないでしょうね。

「マサカ」のもつ想定外の意味は否定文全般の意味と関係する。丹保(1980)は「否定は常に肯定を前提にしているのに対して、肯定は否定を前提としているわけでなく、直接的な認識によっていると考えられる(p.128)」とし、小川(1984a)も「始めから「無」の認識は有り得ない。「当然そこにあるべきもの」として認識され、事実、それが在るのか無いのかを確認して、無いと判断したとき、「ない」と表現するのである(p.29)」としている。「マサカ」の場合、前提に当たるのが「想定」で、その否定が「想定外」ということになる。

5.2　他の副詞との比較

次に「マサカ」と関連する副詞との意味の違いについて分析する。分析の対象とするのは(65)に挙げる副詞である。

(65) P　今回のワールドカップ、僕は日本が優勝すると思うけど君はどう思

う？

Q a. 日本は優勝しないだろう。
　b. マサカ日本は優勝しないだろう。
　c.*ゼンゼン日本は優勝しないだろう。
　d. ケッシテ日本は優勝しないだろう。
　e. モシカスルト日本は優勝しないかもしれない。
　f. キット日本は優勝しないだろう。
　g. ヤハリ日本は優勝しないだろう。

5.2.1 「ケッシテ」、「ゼンゼン」との比較

「マサカ」、「ケッシテ」、「ゼンゼン」は同じ否定副詞に分類される。このうち「ゼンゼン」は何かを否定するというよりは、頻度、数、量などの面で事態の成立可能性がゼロであることを表す点に特徴がある[14]。

(66)「そんなこと気にやむことないわよ」「だって夕べからぜんぜん姿をみせないんだよ」　　　　　　　　　（山岸涼子『シュリンクス・パーン』）
(67)「知ってる　お姉ちゃんぜんぜんモテなかったものね　そういう人が女に走るのね」　　　　　　　　　　　　（山岸涼子『キメィラ』）
(68)「あなたここへ来てから髭がのびないのね　髪の毛も爪もぜんぜんのびない」　　　　　　　　　　　　（山岸涼子『グール（屍鬼）』）
(69)「ぜんぜん反省の色が見えないわね」
　　　　　　　　　　　　　　　　　　（臼井儀人『クレヨンしんちゃん⑥』）

　先の(65c)で「ゼンゼン」が使えないのは、この「優勝する」が一回的事態であり、程度性を持たないためである。したがって、(70)のように反復的文脈で使われた場合には、事態に数的な程度性が現れるため「ゼンゼン」との共起が可能となる。

(70) P　日本も10回ワールドカップに出れば優勝するだろうか？

Q　ゼンゼン日本は優勝しないだろう。

　一方、「ケッシテ」はある前提を踏まえた否定表現であることが指摘されている。原（1992）は「ある肯定的事態の不成立、即ち、肯定的予測に対する否定である（p.66）」、小学館辞典編集部（1994）は「「決して」は、否定の言葉と呼応して、話し手の強い打ち消しの意志を表わす。そのとき、客観的にみて無条件に否定するのではなく、ある前提にもかかわらず、という譲歩の気持ちがある（p.1008）」と説明している[15]。
　たしかに、(71)～(73)において「ケッシテ」は「笑いは自然におこるもので、自分の力ではどうにもならない」、「連立参加問題に関して改革クラブを無視したのではないか」、「無知は恥ずかしいものだ」という思い込みや固定観念を否定している。

(71)　笑いは自然におこるもので、自分の力ではどうにもならないと思っている人がいる。だが、少し考えてみればわかるように、決してそんなことはない。　　　　　　　　　　（福田健『ユーモア話術の本』）
(72)　「決して無視したり、お断りしたのではない。自由党、公明党ときちんと相談してから、改めて相談したい」
　　　自民党の森喜朗幹事長は三十日の記者会見で、連立参加問題に関する改革クラブの抗議に、困惑の表情を浮かべた。
　　　　　　　　　　　　　　　　　　　　（『中日新聞』1999.8.1 朝刊）
(73)　無知はそれを自覚しさえすれば、決して恥ずかしいことではない。自覚することなく、あたかも自分が歴史を知っているかのように装って、もしくは居直って、こうしたものに名を連ねることが恥ずかしいのである。　　　　　　（佐高信『タレント文化人100人斬り』）

　ここで注意したいのは、「ケッシテ」は単に事態の成立可能性を否定するのではなく、「事態が成立するかもしれない」と考える態度を否定するということである。次の「ケッシテ」も「日本の市場が閉鎖的であること」自体

を否定しているのではなく、「日本の市場が閉鎖的である」と考える米国やヨーロッパの想定を否定している。

(74) 米国やヨーロッパでは、「日本の輸入が輸出に比べて少ないのは、日本の市場が閉鎖的であるためであり、市場を開放すれば日本の輸入は増大し、その経常収支の黒字も減少する」と考える人が多い。しかし、日本の輸入関税率と輸入数量制限品目数は世界でも最低の水準であり、この点に関しては日本の市場は欧米に比べて決して閉鎖的とはいえない。 　　　　　　　　　　　（岩田規久男『国際金融入門』）

森田(1989)は次の2つの文を比較して、「ゼッタイニ」が前提を必要としないのに対し、「ケッシテ」はある前提のもとで譲歩の余地のある否定を表すと述べている。

(75) a. それは絶対によくない。　　　　　　　　　　　（森田 1989）
　　 b. それは決してよくない。　　　　　　　　　　　（森田 1989）

森田(1989)は、(75a)は「よくない」という事態に対して譲歩の余地は全くなく、たとえどんな条件がそこにあったにしても、やはり例外は認められないということを表すと説明し、(75b)は「今回はやむを得ないが、それは決してよくはない」や「それは決してよくはないが、そうかと言って他に方法は見あたらないし……」など、一応「よくない」と認めつつも例外を設ける、譲歩を前提とした判断を表すと説明した[16]。しかし、「不死鳥はケッシテ死なない鳥である」が全部否定であるように、「ケッシテ」は必ずしも譲歩を伴うわけではない。両者の違いは「ゼッタイニ」が「よくない」という命題を100パーセント肯定する表現であるのに対し、「ケッシテ」は「よい」と考える相手の想定を否定する点にある。この想定を否定するという意味が、文脈によって譲歩の意味を帯びてくるものと思われる。

したがって、同じ否定副詞といっても、(76a)は「日本が優勝するなんて

思いもよらないことである」とする話し手の態度を表し、(76b) は「日本が優勝するかもしれない」と考える何者かの想定を否定する表現であるという違いがある。

(76) a. マサカ日本は優勝しないだろう。
　　 b. ケッシテ日本は優勝しないだろう。

5.2.2 「モシカスルト」との比較

次に「マサカ」と同じ想定外の意味をもつ「モシカスルト」との比較を行なう。(77a) は 1999 年 7 月に地球が滅びるなどとは考えもつかないことであることを表している。一方、(77b) は当初 1999 年 7 月に地球が滅びるとは思っていなかったが、推論の結果、その可能性もありうると判断するに至ったことを表している。このように同じ想定外の意味を持つ表現でも、「モシカスルト」が当該の事態の成立する可能性を認めようとするのに対し、「マサカ」は当該の事態の成立する可能性を認めようとしない点で違いがある。

(77) a. マサカ 1999 年 7 月に地球が滅びるとは思わない。
　　 b. モシカスルト 1999 年 7 月に地球が滅びるかもしれない。

したがって、次の (78a) は「日本が優勝するなんて思いもよらないことである」とする話し手の態度を表し、(78b) は「当初日本は優勝すると思っていたが、推論の結果、優勝しない可能性も出てきた」とする話し手の態度を表すという違いがある。

(78) a. マサカ日本は優勝しないだろう。
　　 b. モシカスルト日本は優勝しないかもしれない。

このことから、次の (79b) が非文となる理由が説明できる。(79a) は当初日本が優勝する可能性はないと考えていたが、すぐに優勝する可能性もあるのではないかと考え直したことを表している。一方、(79b) は優勝する可能

性があるといいながら、同時に優勝する可能性がないといっているため非文となるのである[17]。

(79) a. マサカ日本の優勝はないだろう。でもモシカスルト優勝するかもしれない。
b. *モシカスルト日本は優勝するかもしれない。でもマサカ優勝はないだろう。

5.2.3 「キット」との比較

森本 (1994) は「マサカ」と「キット」をともに推量を表す副詞として位置付け、ともに「ニチガイナイ」や「ダロウ」とは共起するが「カモシレナイ」とは共起しないことを根拠に、「蓋然性の高さという点ではほとんど同じになる (p.71)」と述べている。そのうえで、「マサカ」と「キット」の違いについて (80) を例にして以下のように説明している。

(80) a. みちこは東京にいないだろう。
b. まさかみちこは東京にいないだろう。
c. きっとみちこは東京にいないだろう。

(森本 1994)

まず、(80b) については「話し手は文の内容 (= みちこが東京にいること)、つまり、話し手の推量したことを信じていないのである (p.71)」として、英語の "I think it impossible that Michiko is in Tokyo." に相当するとした。一方、(80c) については「話し手は、みちこが東京にいない可能性が高いと考えている (p.71)」として、英語の "I think it sure that Michiko is not in Tokyo." に相当するとした。そのうえで「このふたつの文の違いは、「きっと」が、否定文で、生起しない可能性の程度について述べるのに対し、「まさか」は可能性の否定にかかわるという点である (p.71)」としている。

さらに森本 (1994) は「「まさか」は、客観的な不可能性を表現する文には

現れないことに留意すべきである (p.71)」として (81) を挙げている。

(81) a.　ひとりの人間が二度死ぬことはできない。
　　 b.　*まさかひとりの人間が二度死ぬことはできない。

(森本 1994)

　こうして、森本 (1994) は「この例から、「まさか」は、推量によって述べられるできごとだけに関わること、「まさか」の機能は、その、推量されたことが起こる／起こったというのは、不可能であるという、話し手のコメントを表すことだといえよう (p.72)」と結論している。
　しかし、ここで注意したいのは、「マサカ」は推量された事態に対してのみ使われる表現ではないということである。事実、(82) は店が混むか混まないかを推論しているわけではなく、店が混むとは想定していなかったと述べているにすぎない (知識表明文)。

(82)　「いやー、まさかこんなに店が混むなんて思ってなかったのよ。こちらこそごめんなさいね、じゃ、朝ね！」　(吉本ばなな『キッチン』)

　森本 (1994) は「マサカ」を「話し手の側の推量的態度」を表す表現であるとしているが、推論の意味は「マサカ」自体にあるのではなく、推量文という文の意味に帰せられると考えられる。したがって、次の (83a) は「日本が優勝するなんて思いもよらないことである」とする話し手の態度を表し、(83b) は信念をもって「日本は優勝しない」と推論する話し手の態度を表すということになる。

(83) a.　マサカ日本は優勝しないだろう。
　　 b.　キット日本は優勝しないだろう。

5.2.4 「ヤハリ」との比較

「マサカ」と「ヤハリ」は発話以前の想定と関わる点で共通している。「マサカ」が当該の事態を想定外のものとして述べるのに対し、「ヤハリ」は当該の事態を想定どおりのものとして述べるという点で違いがある。

「ヤハリ」について、深尾（1996）は「話題として取り上げたことが、自身の信念、考え、気持ちに一致するという意味を持つ。話し手の心的態度を表す(p.47)」としている。「ヤハリ」はこのような意味を持ちながら(84)～(87)のように様々な用法として現れる。(84)、(85)の「ヤハリ」は「相変わらず」や「同様に」の意味で使われ、先行する事態と当該の事態の間に変化のないことを表す。(86)の「ヤハリ」は「思ったとおり」の意味で使われ、当該の事態が当初の想定どおりであったことを表す。(87)の「ヤハリ」は感動詞のように使われるもので、事前の想定があまり感じられない。これは話し言葉で多用され、話し手の考えが正当なものであることを強調する。

(84) 浅川はダイアルを回し、呼び出し音を十回鳴らした。だれも出ない。東中野のアパートで、竜司は独りで暮らしている。まだ帰ってないのだ。軽くシャワーを浴びてからビールを一本あけ、もう一度電話する。やはりまだ帰っていない。！　　　　　　（鈴木光司『リング』）

(85) 電子が、波の式（シュレディンガー方程式）で表されはするが実は量子力学的意味での粒子であったように、光もやはり粒子なのだろうか。　　　　　　　　　　　　　　（和田純夫『量子力学が語る世界像』）

(86) このように、誤った判断をした役人たちに、どういうペナルティがかけられるかについて、かなり考えたのだが、役所のこれまでのシステムにしたがうという前提では、やはり限界があった。

（菅直人『大臣』）

(87) わたしと有璃が話している間に、いつのまにか教授が消えていた。
「あれ、教授は？」
「やっぱり、本を読んでる途中だったから書斎に引っこんじゃったんじゃない」　　　　　　　　　　　　　　　　　　（司直『JKI物語』）

(86)の「ヤハリ」と(87)の「ヤハリ」の違いは、発話時点以前に当該の事態について考えていたかどうかの違いによる。(86)の「ヤハリ」は「思ったとおり」で置き換えられるように、当該の事態について発話以前から考えていた場合に使われる。一方、(87)の「ヤハリ」は発話時点以前には当該の事態について特に考えていない。この場合、話し手の考えが正当なものであるということを、何らかの前提となる基準や考えに一致させようとする意識で「ヤハリ」が使われている。

したがって、(88b)は事前の想定がある場合と、事前の想定がない場合とに分けて考える必要がある。事前の想定がある場合、話し手は当初から「日本は優勝しない」と思っており、今もその考えに変わりがないことを表している。一方、事前の想定がない場合は、話し手はこの場で初めて「日本の優勝」について考え、「日本は優勝しない」と判断したことを表している。この場合、話し手は自分の考えが正当なものであることを、何らかの前提となる基準や考えに一致させようとする意識で「ヤハリ」を使っている。これに対し、(88a)は「日本が優勝するなんて思いもよらないことである」とする話し手の想定外の気持ちを表している。

(88) a. <u>マサカ</u>日本は優勝しないだろう。
　　 b. <u>ヤハリ</u>日本は優勝しないだろう。

以上の考察により、「マサカ」は当該の事態が想定外のものであることを表す表現であることを主張する。

6　第9章のまとめ

第9章では否定副詞「マサカ」について考察した。一般に「マサカ」は可能性を否定する表現、あるいは否定推量を表す表現であるとされているが、本書では次のような意味を表す表現であることを主張する。

「マサカ」
　当該の事態が想定外のものであることを表す

注
1　「マサカ」、「ケッシテ」、「ゼンゼン」、「メッタニ」、「スコシモ」のように常に否定文において使われる副詞を否定副詞と呼ぶ。
2　話し言葉では「ゼンゼンおいしい」のような言い方をする人もいるが、現在のところ一般的には不自然な用法とされている。「ゼンゼン」が肯定文に使われる点について、梅林（1994）は「すでに用法に変化が見えてきている以上、現状を見て、具体的にどういう表現が行われているのかを把握するところから始めなければならない（p.110）」としており、本書でもこのような態度は必要であると考える。ただし、以下のような実例のあることを認めながらも、いまだ熟した表現とはなっていないため、当面「ゼンゼン」を否定副詞として扱うことにする。
　（ⅰ）現に年をとつたバツグの皿は若いチャックの皿などとは<u>全然</u>手ざはりも<u>違ふのです</u>。　　　　　　　　　　　　　　　　　　　　　　（芥川龍之介『河童』）
　（ⅱ）「ねえ秘密の場所のクロッカスの球根どうなったか見に行った？」「あ！　ううん<u>ぜんぜん</u>忘れていたわ」　　　　　　　　　　　　（山岸涼子『パニュキス』）
　（ⅲ）中学のときから"不良"というレッテルはもっていました。そのころ、身体は<u>ぜんぜん小さかった</u>。　　　　　　　　　　　　（鎌田慧『ドキュメント屠場』）
　（ⅳ）「ダメだなァ君たちは　ボクなんか注射ぐらい<u>ぜんぜん平気</u>　痛くないのさ」　　　　　　　　　　　　　　　　　　　　　（臼井儀人『クレヨンしんちゃん③』）
　（ⅴ）これを見ると、下人は始めて明白にこの老婆の生死が、<u>全然</u>、自分の意志に<u>支配されてゐる</u>と云ふ事を意識した。　　　　　　（芥川龍之介『羅生門』）
3　従来の陳述論では、「ケッシテ」は陳述副詞として位置付けられていた。たとえば、時枝（1950）は、「オソラク」が「ダロウ」という辞の部分を修飾するのと同様に、「ケッシテ」も「ナイ」という辞の部分を修飾するため、陳述副詞に属すとした。また渡辺（1949）は、「ケッシテ」の係り方は「決して開け・ない、決して寄せつけ・ない、決して跳んで歩か・ない」ではなく、「決して・開けない、決して・寄せつけない、決して・跳んで歩かない」であるとして、「「決して」は、被修飾文節の詞にかかるのみでなく、同時にそれを否定する事を要求し、そのかかり方は否定辞に及んでゐる（p.3）」とし、陳述副詞の1つであるとした。これは「ケッシテ」と共起する否定の「ナイ」が陳述部分であるとされたためである。
4　「ケッシテ」に関しては杉村（2001d, 2002）を参照。
5　新藤（1983）は「日本語のNPI（杉村注：Negative Polarity Item）は、同じ節内に明

示的な否定語（「ない」等）の存在を要求する。明示的な否定語と同じ節内にしか生じない（p.150）」という一般化を引き出した。そのうえで、「マサカ」はその制約を破るものとして、さらに詳しく調べてみる必要があると述べている。

6 (29)〜(32)の例文は名古屋大学研究生（当時）の李欣怡さんによるものである。
7 「このグループのほかの副詞」とは、「タブン」、「オソラク」、「サゾ」、「キット」、「カナラズ」、「ゼッタイ」、「ヒョットシタラ」を指す。
8 杉村（1998b）では「マサカ」の意味を「当該命題の成立する可能性を否定する」と考えていた。しかし、木下りか氏との個人談で、この意味は「マサカ」自体の意味ではないかもしれないとの指摘を受け、考えを改めた。
9 (42)〜(44)は杉村（1998b）の査読者によるものである。
10 このような指摘は原田（1982）にも見られる。
11 小川（1984b）は「「全然」は「ない」と共起はするものの単にそれとの呼応のみに存在の価値があるのではない。明らかに被修飾文節たるべきものの中核的語彙をも含めてこの全体に係ってゆく、言わば全面的介入である。その介入は下接する被修飾文節全体の実質的な意味に対するある種の意味的介入である。ある種の意味的介入とは「全然」の持つ本来的な意味であって、それは「ない」と共起して「その状態がほんの僅かも成立しない」ことの意味的付与である。この意味的付与は別の言葉で言えば、「ない」ことの度合であり、程度である（pp.27-28）」と論じている。
12 副詞全般の程度量について記述したものに森重（1958）がある。いわゆる陳述副詞と程度副詞を程度量という観点から分類したものであるが、作用と対象の区別や程度の「高低」の分類に恣意的な面が見られ、「マサカ」と「メッタニ」が同一のグループに入るなどの問題がある。一方、新川（1979）は、副詞と動詞の共起関係から副詞の分類を試み、その中で量規定に関するものを、(1)程度、(2)数量、(3)空間的な量、(4)時間的な量、(5)頻度に分類した。また、堀（1997）は新川（1979）の研究をさらに精密化し、程度副詞は程度規定を基本とし情態副詞は運動量規定を基本としながらも、互いに連続していることを明らかにした。
13 糸川（1989）は「「まさか」は、共通して意外性を表わしているが、陳述副詞「まさか」のもつ陳述は激怒であったり、不安であったりする。場に支えられているためである（p.108）」としている。
14 田中（1983）は、否定副詞を否定の作用面ではたらく「ケッシテ」や「ダンジテ」などと、否定の対象面ではたらく「ゼンゼン」や「サッパリ」などの2つに分類した。田中（1983）は「ケッシテ」と「ゼンゼン」はともに作用・対象の二面があるとしたうえで、(1)二重否定、(2)仮定条件句、(3)疑念を表す文、(4)眼前描写表現、(5)「ない」が非存在を表す実質的な形容詞、(6)対象面における程度性への直接関与の違いによって、「ケッシテ」よりも「ゼンゼン」の方が対象的な性質を示すとしている。
15 森田（1989）、飛田・浅田（1994）にも同様の指摘がある。一方、本田（1981b）は「否定副詞「決して」は話手の、ある事態に対する否定的断定と呼応し、それを強調する役割をになっている副詞ということができる（p.7）」としている。

16　同様の記述は飛田・浅田（1994）、小学館辞典編集部（1994）にもある。飛田・浅田（1994）はこれを全部否定と部分否定の違いとして扱っている。
17　「モシカスルト日本は準優勝するかもしれない。でもマサカ優勝はしないだろう」なら適格となる。

第 10 章　終わりに

　本書では話し手の蓋然性を表す副詞「キット」、「タブン」、「オソラク」、「サゾ」、「モシカスルト」、「ドウモ」、「ドウヤラ」、「タシカ」、「マサカ」の意味について論じた。従来これらの副詞は、文末のモダリティ形式「ダ／φ」、「ニチガイナイ」、「カモシレナイ」、「ヨウダ」、「ラシイ」、「ダロウ」などとの共起を根拠に、「蓋然性の高い（低い）推量を表す」、「根拠のある推量を表す」などと説明されてきた。しかし、これらの意味は文末のモダリティ形式に帰せられるものであり、副詞には副詞固有の意味があるはずである。そこで『CD-ROM 版　新潮文庫の 100 冊』やインターネットの検索システム「茶漉」を用いて収集したデータなどを分析することにより、これらの副詞の意味の違いを明らかにした。

　上記の副詞の分析にあたっては、まず先に文末のモダリティ形式「ダ／φ」、「ニチガイナイ」、「カモシレナイ」、「ヨウダ」、「ラシイ」、「ダロウ」の意味について再検討した。その際、三原 (1995) の「判断確定性」を修正した「認識確定性」と、木下 (1999) を修正した「推論の型」（「演繹推論」と「帰納推論」）を設定することにより、これらの文末のモダリティ形式が次のような意味を表していることを明らかにした。

「ダ／φ」：当該の事態の成立が確実であると認識したことを表す
「カモシレナイ」：当該の事態の成立が不確実で、他の事態の成立する可能性　　　　　　　　もあると認識したことを表す
「ニチガイナイ」：話し手の確信により、当該の事態の成立が確実であると推

論したことを表す

「ヨウダ」：2つの事態に共通の属性があることを根拠に、当該の事態が成立
　　　　　すると推論したことを表す

「ラシイ」：他者からの情報や外界の現象を根拠に、当該の事態が成立すると
　　　　　推論したことを表す

「ダロウ」：証拠不足のため当該の認識や推論が確証できないことを表す

　次にこれら文末のモダリティ形式と蓋然性を表す副詞の間に一定の共起関係があることに着目し、各副詞の意味の違いを分析した。その際、各副詞は必ずしも単一の文末表現と共起するわけではないことから、文末のモダリティ形式とは独立した副詞固有の意味を抽出した。本書で分析した副詞の意味は次のとおりである。

「キット」：事態の実現に対する話し手の強い信念を表す
「タブン」：推論において直感的にある1つの帰結を導き出したことを表す
「オソラク」：推論において根拠に基づきある1つの帰結を導き出したことを
　　　　　　表す
「サゾ」：推論において共感に基づきある1つの帰結を導き出したことを表す
「モシカスルト」：当初、当該の事態の成立する可能性を想定していなかった
　　　　　　　　が、発話時点において当該の事態の成立する可能性もある
　　　　　　　　と判断したことを表す
「ドウモ」：話し手の認識が不確定で事態の成立がはっきりしないことを表す
　　　　　（推量文に使われると、当該の事態の成立を示唆する様相の現れが不
　　　　　　確定であることを表す）
「ドウヤラ」：当該の事態がある基準点にほぼ近づいたことを表す
　　　　　　（推量文に使われると、当該の事態の成立を示唆する様相の現れが完
　　　　　　　全にではないがある基準点にほぼ近づいたことを表す）
「タシカ」：当該の事態の成立を話し手の記憶によって確認することを表す
「マサカ」：当該の事態が想定外のものであることを表す

本書で分析した副詞の意味は、文末のモダリティ形式の研究に新たな視点を与えることが期待される。また、副詞の研究は日本語教育の面においても遅れており、その指導法の整備が緊急の課題となっている。王冲 (2004) は話し手の認知という観点から「キット」と中国語の"一定"における推量的用法と意志的用法の想起のされやすさの違いについて調査した。その結果、日本語母語話者と中国人日本語学習者とでは「キット」に対するイメージが異なっていることを統計的に示した。王冲 (2004) の調査は、本書における「キット」と「カナラズ」の主観性の違いを裏付けるものであり、日本語の副詞教育にとって重要な位置を占めている。本書で主張したことは外国人に対する日本語教育にとっても貢献しうるものである。

参考文献

安達太郎 1997.「副詞が文末形式に与える影響」『広島女子大学国際文化学部紀要』新輯 3. pp.1–11. 広島女子大学国際文化学部
案野香子 1996.「副詞の問題点」『国文学解釈と鑑賞』Vol.61, No.1, pp.88–94. 至文堂
石神照雄 1987.「陳述副詞の修飾」寺村秀夫・鈴木泰・野田尚史・矢澤真人（編）『ケーススタディ日本文法』pp.96–101. おうふう
糸川優 1989.「陳述副詞の本質」『青山語文』19. pp.102–109. 青山学院大学日本文学会
梅林博人 1994.「副詞「全然」の呼応について」『国文学解釈と鑑賞』Vol.59, No.7. pp.103–110. 至文堂
王冲 2004.「日本語陳述副詞「きっと」と中国語語気副詞"一定"との対照研究―日本語教育における陳述副詞「きっと」の指導のために―」『人間文化論叢』7. pp.325–334. お茶の水女子大学大学院人間文化研究科
大鹿薫久 1992.「「かもしれない」と「にちがいない」―叙法的意味の一端―」『ことばとことのは』9. pp.127–134. 和泉書院
大鹿薫久 1993.「推量と「かもしれない」「にちがいない」―叙法の体系化をめざして―」『ことばとことのは』10. pp.96–104. 和泉書院
小川輝夫 1984a.「否定表現の原理」『文教國文學』14. pp.22–39. 広島文教女子大学国文学会
小川輝夫 1984b.「否定誘導表現―陳述副詞の機能再考―」『文教國文學』15. pp.20–39. 広島文教女子大学国文学会
柏岡珠子 1980.「ヨウダとラシイに関する一考察」『日本語教育』41. pp.169–178. 日本語教育学会
木下りか 1998.「「真偽判断」を表す文末形式と「既定性」」『ことばの科学』11. pp.171–182. 名古屋大学言語文化部言語文化研究会
木下りか 1999.『文末における「真偽判断のモダリティ」形式の意味』名古屋大学博士学位論文
北原保雄 1975.「修飾成分の種類」『國語學』103. pp.18–34. 国語学会
金田一春彦 1953.「不変化助動詞の本質―主観的表現と客観的表現の別について」（上）（下）『國語國文』Vol.22, No.2,3.（上）pp.67–84,（下）pp.149–169. 京都大学文学部
工藤浩 1982.「叙法副詞の意味と機能―その記述方法をもとめて―」『国立国語研究所報告 71　研究報告集 3』pp.45–92. 秀英出版
工藤浩 1983.「程度副詞をめぐって」渡辺実（編）『副用語の研究』pp.176–198. 明治書院
小林幸江 1980.「推量の表現及びそれと呼応する副詞について」『日本語学校論集』7. pp.3–22. 東京外国語大学付属日本語学校

小林典子 1992.「「必ず・確かに・確か・きっと・ぜひ」の意味分析」『筑波大学留学生センター日本語教育論集』7. pp.1–17. 筑波大学留学生センター

坂口和寛 1996.「副詞の語意的意味が統語的現象に与える影響―働きかけ文での共起関係を中心に―」『日本語教育』91. pp.1–12. 日本語教育学会

阪田雪子・倉持保男 1980.『教師用日本語教育ハンドブック④　文法 II　助動詞を中心にして』凡人社

阪田雪子・倉持保男 1993.『教師用日本語教育ハンドブック④　文法 II　助動詞を中心にして（改訂版）』. 凡人社

佐治圭三 1986.「「必ず」の共起の条件―「きっと」「絶対に」「どうしても」との対比において―」『同志社女子大学学術研究年報』Vol.37, No.4. pp.1–12（通 375–386）. 同志社女子大学

佐治圭三 1992.『外国人が間違えやすい日本語の表現の研究』ひつじ書房

佐野由紀子 1997.「程度副詞の名詞修飾について」『大阪大学日本学報』16. pp.121–133. 大阪大学文学部日本学研究室

佐野由紀子 1998.「程度副詞と主体変化動詞との共起」『日本語科学』3. pp.7–22. 国立国語研究所

佐野由紀子 1999.「程度副詞との共起関係による状態性述語の分類」『現代日本語研究』6. pp.32–50. 大阪大学文学部日本語学講座

澤田治美 1978.「日英語文副詞類（Sentence Adverbials）の対照言語学的研究― Speech act 理論の視点から―」『言語研究』74. pp.1–34. 日本言語学会

柴田武 1982.「ヨウダ・ラシイ・ダロウ」国広哲弥・柴田武・長嶋善郎・山田進・浅野百合子（編）『ことばの意味 3』pp.87–94. 平凡社

周英 2004.「価値判断のモダリティ形式「ベキダ」と認識系モダリティ形式との承接に関する記述的研究」記念論文集編集委員会（編）『平井勝利教授退官記念　中国学・日本語学論文集』pp.505–523. 白帝社

小学館辞典編集部 1994.『使い方の分かる類語例解辞典』小学館

新川忠 1979.「「副詞と動詞のくみあわせ」試論」言語学研究会（編）『言語の研究』pp.173–202. むぎ書房

新藤一男 1983.「「あまり」の文法」『山形大学紀要（人文科学）』Vol.10, No.2. pp.101–113（通 149–161）. 山形大学

須賀一好 1995.「「かもしれない」の意味と蓋然性」『山形大学紀要（人文科学）』Vol.13, No.2. pp.79–88. 山形大学

杉村泰 1997.「副詞「キット」と「カナラズ」のモダリティ階層―タブン／タイテイとの並行性―」『世界の日本語教育』7. pp.233–249. 国際交流基金

杉村泰 1998a.「真偽判断を表わすモダリティ副詞「モシカスルト」と「ヒョットスルト」の研究」『日本語教育』98. pp.25–36. 日本語教育学会

杉村泰 1998b.「モダリティ副詞「マサカ」について」『名古屋学院大学日本語学・日本語教育論集』5. pp.67–86. 名古屋学院大学留学生別科

杉村泰 1999.「事態の蓋然性と判断の蓋然性」『ことばの科学』12. pp.171–187. 名古屋大学言語文化部言語文化研究会

杉村泰 2000a.「モダリティ副詞「マサカ」再考」『名古屋学院大学日本語学・日本語教育論集』7. pp.11–29. 名古屋学院大学留学生別科

杉村泰 2000b.「ヨウダとソウダの主観性」『名古屋大学言語文化論集』Vol.22, No.1. pp.85–100. 名古屋大学言語文化部・国際言語文化研究科

杉村泰 2000c.「事態成立の確実性を表す副詞について―カナラズ、キマッテ、タシカニ、カクジツニ―」『ことばの科学』13. pp.41–57. 名古屋大学言語文化部言語文化研究会

杉村泰 2001a.「ヨウダとベキダの主観性」『名古屋大学言語文化論集』Vol.22, No.2. pp.59–73. 名古屋大学言語文化部・国際言語文化研究科

杉村泰 2001b.「カモシレナイとニチガイナイの異質性」『言葉と文化』2. pp.79–93. 名古屋大学大学院国際言語文化研究科日本言語文化専攻

杉村泰 2001c.「現代日本語における文末表現の主観性―ヨウダ、ソウダ、ベキダ、ツモリダ、カモシレナイ、ニチガイナイを対象に―」『世界の日本語教育』11. pp.209–224. 国際交流基金

杉村泰 2001d.「否定副詞ケッシテの意味分析」『名古屋大学言語文化論集』Vol.23, No.1. pp.71–86. 名古屋大学言語文化部・国際言語文化研究科

杉村泰 2001e.「推論の型と推論の根拠の関連について―ニチガイナイとヨウダ、ラシイの違い―」『ことばの科学』14. pp. 23–39. 名古屋大学言語文化部言語文化研究会

杉村泰 2002.「否定副詞ケッシテとカナラズシモの意味分析―全部否定と部分否定の間―」『言語文化論集』Vol.23, No.2. pp.123–133. 名古屋大学言語文化部・国際言語文化研究科

杉村泰 2003a.「続・カモシレナイとニチガイナイの異質性―コーパス調査の結果から―」『言葉と文化』4. pp.261–276. 名古屋大学大学院国際言語文化研究科日本言語文化専攻

杉村泰 2003b.「日本語の副詞サゾの意味分析―「共感」と「程度性」―」『名古屋大学言語文化論集』Vol.25, No.1. pp. 67–81. 名古屋大学大学院国際言語文化研究科

杉村泰 2004.「事態の蓋然性と判断の蓋然性再考」『ことばの科学』17. pp. 117–138. 名古屋大学言語文化研究会

田窪行則 1987.「統語構造と文脈情報」『日本語学』Vol.6, No.5. pp.37–48. 明治書院

田中敏生 1983.「否定述語・不確定述語の作用面と対象面―陳述副詞の呼応の内実を求めて―」『日本語学』Vol.2, No.10. pp.77–89. 明治書院

田中俊子 1993.「「～カモシレナイ」について」『東北大学留学生センター紀要』1. pp.23–29. 東北大学留学生センター

田野村忠温 1990.「文における判断をめぐって」『アジアの諸言語と一般言語学』pp.785–795. 三省堂

田野村忠温 1994.「「らしい」と「ようだ」の意味の相違について」『成蹊人文研究』2. pp.62–78. 成蹊大学大学院文学研究科

丹保健一 1980.「否定表現の文法（1）―否定内容と文構造とをめぐって―」『三重大学教育学部研究紀要　人文科学』Vol.31, No.2. pp.127–136. 三重大学教育学部

丹保健一 1984.「副詞の意味記述—「かならず」「きっと」の意味用法の違いに着目し—」『国語学研究』24. pp.112-99（左 1-14）. 東北大学文学部「国語学研究」刊行会

寺村秀夫 1984.『日本語のシンタクスと意味Ⅱ』くろしお出版

時枝誠記 1950.『日本文法口語篇』岩波書店（1978. 改版、岩波全書）

中右実 1980.「文副詞の比較」国広哲弥（編）『日英語比較講座　第 2 巻　文法』pp.157-219. 大修館書店

中右実 1994.『認知意味論の原理』大修館書店

中畠孝幸 1990.「不確かな判断—ラシイとヨウダ—」『三重大学日本語学文学』1. pp.25-33. 三重大学日本語学文学会

中畠孝幸 1991.「不確かな様相—ヨウダとソウダ—」『三重大学日本語学文学』2. pp.26-33. 三重大学日本語学文学会

中畠孝幸 1993.「確かさの度合い—カモシレナイ・ニチガイナイ—」『三重大学日本語学文学』4. pp.13-20. 三重大学日本語学文学会

仁田義雄 1989.「現代日本語文のモダリティの体系と構造」仁田義雄・益岡隆志（編）『日本語のモダリティ』pp.1-56. くろしお出版

仁田義雄 1991.『日本語のモダリティと人称』ひつじ書房

野田尚史 1984.「〜にちがいない／〜かもしれない／〜はずだ」『日本語学』Vol.3, No.10. pp.111-119. 明治書院

野田尚史 1995.「現場依存の視点と文脈依存の視点」仁田義雄（編）『複文の研究』pp.327-351. くろしお出版

野林靖彦 1999.「類義のモダリティ形式「ヨウダ」「ラシイ」「ソウダ」—三水準にわたる重層的考察—」『國語學』197. pp.89-75（左 54-68）. 国語学会

芳賀綏 1954."陳述"とは何もの?」『國語國文』Vol.23, No.4. pp.47-61（通 241-255）. 京都大学文学部

橋本進吉 1939.「日本文法論」（1959.『國文法體系論』pp.71-158. 岩波書店所収）

早津恵美子 1988.「「らしい」と「ようだ」」『日本語学』Vol.7, No.4. pp.46-61. 明治書院

原由起子 1992.「中国語副詞"竝"と日本語の"決して"」『日本語と中国語の対照研究論文集（下）』pp.63-82. くろしお出版

原田登美 1982.「否定との関係による副詞の四分類—情態副詞・程度副詞の種々相—」『國語學』128. pp.138-122（左 1-17）. 国語学会

飛田良文・浅田秀子 1994.『現代副詞用法辞典』東京堂出版

深尾まどか 1996.「「やはり」「やっぱり」について」『名古屋学院大学日本語学・日本語教育論集』3. pp.41-54. 名古屋学院大学留学生別科

堀和佳子 1997.「程度・量を規定する副詞について」『名古屋学院大学日本語学・日本語教育論集』4. pp.41-61. 名古屋学院大学留学生別科

本田晶治 1981a.「日本語の否定構文（1）—「否定副詞」の分布をめぐって（前）—」『静岡大学教養部研究報告　人文・社会科学篇』Vol.17, No.1. pp.67-88（通 170-149）. 静岡大学教養部

本田晶治 1981b.「日本語の否定構文（1）―「否定副詞」の分布をめぐって（2）―」『静岡大学教養部研究報告　人文・社会科学篇』Vol.17, No.2. pp.1–23（通 234–212）．静岡大学教養部
益岡隆志 1987.「モダリティの構造と意味―価値判断のモダリティをめぐって―」『日本語学』Vol.6, No.7. pp.30–40. 明治書院
益岡隆志 1991.『モダリティの文法』くろしお出版
益岡隆志 1999.「命題との境界を求めて」『月刊言語』Vol.28, No.6. pp.46–52. 大修館書店
益岡隆志・田窪行則 1992.『基礎日本語文法　－改訂版－』くろしお出版
三浦つとむ 1975.『日本語の文法』勁草書房
南不二男 1974.『現代日本語の構造』大修館書店
南不二男 1993.『現代日本語文法の輪郭』大修館書店
三原健一 1995.「概言のムード表現と連体修飾語」仁田義雄（編）『複文の研究』pp.285–307. くろしお出版
三宅知宏 1992.「認識的モダリティにおける可能性判断について」『待兼山論叢日本学編』26. pp.35–47. 大阪大学文学部
三宅知宏 1993.「認識的モダリティにおける確信的判断について」『語文』61. pp.36–46. 大阪大学国語国文学会
三宅知宏 1994.「認識的モダリティにおける実証的判断について」『國語國文』Vol.63, No.11. pp.20–34. 京都大学文学部
三宅知宏 1995.「「推量」について」『國語學』183. pp.86–76（左 1–11）. 国語学会
宮崎和人 1991.「判断のモダリティをめぐって」『新居浜高等専門学校紀要　人文科学編』27. pp.35–53. 新居浜高等専門学校
宮崎和人 1992.「現代日本語の判定文について」『広島修大論集　人文編』Vol.32, No.2. pp.35–63. 広島修道大学人文学会
森重敏 1958.「程度量副詞の設定」『國語國文』Vol.27, No.1. pp.34–55. 京都大学文学部
森田良行 1989.『基礎日本語辞典』角川書店
森本順子 1994.『話し手の主観を表す副詞について』くろしお出版
森山卓郎 1989.「認識のムードとその周辺」仁田義雄・益岡隆志（編）『日本語のモダリティ』pp.57–74. くろしお出版
森山卓郎 1992.「日本語における「推量」をめぐって」『言語研究』101. pp.64–83. 日本言語学会
森山卓郎 1995.「ト思ウ，ハズダ，ニチガイナイ，ダロウ，副詞～φ」『日本語の類義表現の文法』（上）．pp.171–182. くろしお出版
山田進 1982.「カナラズ・キット」国広哲弥・柴田武・長嶋善郎・山田進・浅野百合子（編）『ことばの意味 3』pp.186–194. 平凡社
山田孝雄 1936.『日本文法学概論』宝文館
劉婧 1996.『陳述副詞の研究―話し手の確信度を表す副詞を中心に―』名古屋大学修士学位論文

和佐敦子 2001.「日本語とスペイン語の可能性判断を表す副詞―疑問文との共起をめぐって―」『言語研究』120. pp.67–88. 日本言語学会
渡辺実 1949.「陳述副詞の機能」『國語國文』Vol.18, No.1. pp.1–26. 京都大学文学部
渡辺実 1957.「品詞論の諸問題―副用語・付属語―」『日本文法講座1　総論』pp.77–95. 明治書院
渡辺実 1971.『国語構文論』塙書房

梅棹忠夫・金田一春彦・阪倉篤義・日野原重明［監修］1989.『日本語大辞典』講談社
林巨樹［監修］1993.『現代国語例解辞典第二版』小学館
松村明・山口明穂・和田利政（編）1992.『旺文社国語辞典［第八版］』旺文社

Greenbaum, Sydney. 1969. *Studies in English Adverbial Usage*. London: Longman.（郡司利男・鈴木英一訳 .1978.『英語副詞の用法』研究社出版）
Makino, Seiichi and Michio Tsutsui. 1995. *A Dictionary of Intermediate Japanese Grammar*. Tokyo: The Japan Times.
Palmer, F. R. 1986. *Mood and Modality*. Cambridge: Cambridge University Press.

例文の出典

赤川次郎『女社長に乾杯！』新潮100／芥川龍之介『河童』『玄鶴山房』『羅生門』（いずれも「日本文學全集22　芥川龍之介集」より）新潮社,『好色』『俊寛』（いずれも『羅生門・鼻』より）新潮100／安部公房『砂の女』新潮100／石川達三『青春の蹉跌』新潮100／五木寛之『風に吹かれて』新潮100／岩田規久男『国際金融入門』岩波新書／魚住昭『特捜検察』岩波新書／臼井儀人『クレヨンしんちゃん』②③⑤⑥双葉文庫／大塚公子『死刑執行人の苦悩』『死刑囚の最後の瞬間』角川文庫／岡本綺堂『半七捕物帳　鷹ゆくえ』青空文庫／折原みと『桜の下で逢いましょう』講談社X文庫／鎌田慧『ドキュメント屠場』岩波新書／菅直人『大臣』岩波新書／康明道著,尹学準訳『北朝鮮の最高機密』文春文庫／貴志祐介『十三番目の人格―ISOLA―』角川ホラー文庫,『黒い家』角川書店／北杜夫『楡家の人びと』新潮100／桐生操『本当は恐ろしいグリム童話』KKベストセラーズ／倉橋由美子『聖少女』新潮100／小林秀雄『真贋』（『モオツアルト　無常ということ』より）新潮100／佐高信『タレント文化人100人斬り』現代教養文庫（社会思想社）／佐々木味津三『右門捕物帖　左刺しの匕首』青空文庫／沢木耕太郎『一瞬の夏』新潮100／志賀直哉『赤西蠣太』『好人物の夫婦』『小僧の神様』『濠端の住まい』『山科の記憶』（いずれも『小僧の神様・城の崎にて』より）新潮100／司馬遼太郎『国盗り物語』新潮100／新藤宗幸『行政指導―官庁と業界のあいだ―』岩波新書／鈴木光司『リング』角川ホラー文庫／相馬達雄『この一冊

参考文献　211

で「民法」がわかる！』知的生きかた文庫（三笠書房）／曾野綾子『太郎物語』新潮100／高野悦子『二十の原点』新潮100／太宰治『人間失格』新潮100,『失敗園』『火の鳥』『不審庵』青空文庫／田辺聖子『新源氏物語』新潮100／谷崎潤一郎『痴人の愛』新潮100／朝鮮日報『月刊朝鮮』（編）,夫址榮（訳）『祖国を棄てた女』小学館文庫／司直『JKI物語』（鮎川哲也〔編〕『本格推理⑪』より）光文社文庫／土屋賢二『ソクラテスの口説き方』文春文庫／筒井康隆『エディプスの恋人』新潮100／手塚治虫『魔法屋敷』(『地底国の怪人』より）角川文庫／『アバンチュール21』『ザ・クレーター』『七色いんこ』⑤『バンパイヤ』①秋田文庫,『鉄腕アトム』⑤⑧⑪⑬光文社文庫,『ブッダ』⑧⑩潮ビジュアル文庫／寺村秀夫『文法随筆』(『月刊日本語』1巻1号より）アルク／中沢けい『楽隊のうさぎ』(『中日新聞』1999.9.4 夕刊より）／夏目漱石『夢十夜』(『漱石全集第十二巻』より）岩波書店,『こころ』新潮100／西山賢一『勝つためのゲームの理論』講談社ブルーバックス／新田次郎『孤高の人』新潮100／野坂昭如『アメリカひじき』『火垂るの墓』『ラ・クンパルシータ』(『アメリカひじき・火垂るの墓』より）新潮100／萩原遼『ソウルと平壌』『朝鮮戦争　金日成とマッカーサーの陰謀』文春文庫／林芙美子『放浪記』新潮100／樋口一葉『大つごもり』『たけくらべ』『われから』(『にごりえ・たけくらべ』より）新潮100／福田健『ユーモア話術の本』知的生きかた文庫（三笠書房）／藤原正彦『若き数学者のアメリカ』新潮100／堀辰雄『美しい村』(『風立ちぬ・美しい村』より）新潮100／松本清張『ゼロの焦点』中央公論社,『点と線』新潮100／三浦綾子『塩狩峠』新潮100／三木清『人生論ノート』新潮100／三田村鳶魚著　朝倉治彦（編）『近松の心中物・女の流行』中公文庫／宮沢賢治『ビジテリアン大祭』(『銀河鉄道の夜』より）新潮100／宮本輝『錦繍』新潮100／武者小路実篤『友情』新潮100／森鷗外『雁』『心中』（いずれも『鷗外全集第八巻』より）『青年』(『鷗外全集第六巻』より）岩波書店,『山椒大夫』(『山椒大夫・高瀬舟』より）新潮100／山岸凉子『グール（屍鬼）』『シュリンクス・パーン』『パイド・パイパー』『パニュキス』（いずれも『シュリンクス・パーン』より）『海の魚鱗宮』『キメィラ』（いずれも『ハトシェプスト』より）『汐の声』(『わたしの人形は良い人形』より）文春文庫ビジュアル版／養老孟司・長谷川真理子『男の見方　女の見方』PHP文庫／山本周五郎『さぶ』新潮100／山本有三『路傍の石』新潮100／吉本ばなな『キッチン』『満月—キッチン2』『ムーンライト・シャドウ』（いずれも『キッチン』より）角川文庫,『TUGUMI』中公文庫／李英和『北朝鮮秘密集会の夜』文春文庫／和田純夫『量子力学が語る世界像』講談社ブルーバックス／和辻哲郎『古寺巡礼』岩波文庫／渡辺淳一『花埋み』新潮100／
(「新潮100」は CD-ROM 版『新潮文庫の100冊』)
(「青空文庫」http://www.aozora.gr.jp/)

語彙索引

あ

アルイハ　149
イツモ　91
オソラク　103, 143, 171

か

カナラズ　21, 75
カナリ　4
カモシレナイ　10, 17, 41, 55, 107, 139, 141, 184
キット　2, 4, 75, 103, 122, 139, 143, 146, 194
キマッテ　98
ケッシテ　25, 177, 186, 190

さ

サゾ　119
ゼッタイニ　94, 170, 192
ゼヒ　21
ゼンゼン　25, 177, 186, 190
ソウダ　10, 40, 161
ソウダ（伝聞）　67

た

タシカ　167
タシカニ　167, 170
ダ／φ　2, 10, 17, 55, 125, 184
タブン　103, 139, 146, 168, 171
ダロウ　2, 12, 69, 184
ツモリダ　40
デアロウ　69
デハナイカ　139, 142
ドウモ　153
ドウヤラ　153

な

ニキマッテイル　51
に＋違い＋ない　50
ニチガイナイ　2, 10, 17, 41, 55, 60, 91, 107, 125, 184
ノカモシレナイ　16, 59
ノダ　59
ノダロウ　59

は

ハズダ　10, 170
ヒョットスルト　149
ベキダ　40

ま

マイ　184
マサカ　175
マチガイナク　170
ミタイダ　10
モシカシテ　147
モシカスルト　139, 193

や

ヤハリ　143, 196
ヨウダ　10, 17, 60, 65, 67, 107, 154, 160, 184
ヨウダ（比況）　40, 65
ヨウダ（様態）　10

ら

ラシイ　10, 17, 60, 66, 67, 107, 154, 160, 184
ラシイ（伝聞）　66

事項索引

い

意志文　94, 103, 125, 140, 169
一次的モダリティ　28
一回的事態　190
一回的文脈　92, 93, 96, 98, 107

え

演繹推論　13, 17, 68, 161, 172
婉曲　65, 160

か

蓋然性　8, 31, 34, 83, 106, 139
蓋然性のスケール　2
蓋然性の高さ　1, 42, 103, 139, 194
確信　89
確信度　78, 82, 107, 108, 154, 171
核要素　28
確率　78
過去の一回的事態　96
過去文　91, 93, 98
可能性の否定　175

可能性の分散　42
眼前描写文　165
勧誘文　94, 103, 125, 140, 169

き

既定の事態　107
帰納推論　13, 17, 63, 68, 161, 172
疑問テスト　5, 40, 86
疑問の焦点　5, 21, 40, 86, 177
客観的　3, 4
共感　122, 129
共起　30, 78, 107, 126, 139, 140, 154, 160, 169, 171, 183, 184

け

現在文　93, 97

こ

呼応　23, 30, 78
呼応要素　28
語の副詞　19
根拠　62, 63, 66, 88, 114, 163, 167

し

詞　22
辞　22
事実確定性　8
持続的現在時　5
事態　7
事態確定性　8, 10, 57
事態の蓋然性　8, 31, 75

習慣的機能　81, 90, 92
主観性判定テスト　5, 177
主観的　3
瞬間的現在時　5, 27
証拠性　154, 163
状態性の事態　96, 99, 125
情態副詞　19
叙述の知的内容量　26, 87
叙法性　30
叙法副詞　31
真偽判断　4
真偽判断の副詞　27
進展性　133

す

推量　160
推量的機能　81, 90, 92
推量判断　7
推量判断実践文　7
推量文　11, 13, 17, 43, 87, 91, 92, 94, 103, 107, 125, 140, 160, 165, 169, 195
推論　7, 13
推論過程　43, 56
推論の型　17, 161

そ

想起　167
想起文　169
想定　196
想定外　142, 145, 175, 180, 184, 188, 193
属性副詞　19

た

対話文と独話文　47

ち

知識（pならばq）　14
知識表明文　7, 11, 17, 43, 87, 89, 92, 103, 140, 160, 195
陳述副詞　19, 22, 23

て

程度性　120, 132, 190
程度副詞　19
伝聞の「ラシイ」と推量の「ラシイ」　66

と

動作性の事態　125

に

二次的モダリティ　28
認識　7, 109, 163
認識確定性　8, 10, 57
人称　130

の

「の」のスコープ　16, 57

は

発話時点　5, 173, 180, 197
発話態度のモダリティ　3
話し手の信念　110, 112, 114
判断確定性　8, 9
判断の蓋然性　8, 9, 31, 75
反復的文脈　91, 92, 93, 96, 98, 107, 190

ひ

比況の「ヨウダ」と推量の「ヨウダ」　65
否定推量　175, 183
否定的事態　96
否定テスト　5, 40, 86
否定の焦点　5, 40, 51, 86, 177
否定副詞　175, 190
否定文　183

ふ

不確定性　154
不確かな記憶　170
文代名詞化テスト　94

み

未実現の事態　99
未定の事態　107

め

命題　2, 3, 26, 185
命題外副詞　26
命題態度のモダリティ　3
命題とモダリティの境界　5
命題内副詞　26
命題副詞　75, 86, 89, 158
命令文　94, 103, 125, 140, 169

も

モダリティ　2, 3, 26, 28
モダリティ副詞　75, 86, 158

や

やきつけられ度　77

ゆ

誘導副詞　23

れ

例示　65
連体修飾　41, 46, 69, 178

【著者紹介】

杉村 泰（すぎむら やすし）

〈略歴〉1968年生まれ。愛知県一宮市出身。2000年名古屋大学大学院文学研究科博士後期課程満期退学。名古屋大学助手、講師を経て、現在准教授。博士（学術）

〈主要著書・論文〉『日語語法問題解疑』（外語教学与研究出版社、2007）、「形式と意味の研究―テアル構文の2類型―」『日本語教育』91（日本語教育学会、1996）、「現代日本語における文末表現の主観性―ヨウダ、ソウダ、ベキダ、ツモリダ、カモシレナイ、ニチガイナイを対象に―」『世界の日本語教育』11（国際交流基金、2001）、「「～てならない」、「～てたまらない」、「～てしかたがない」の使い分け―日本語母語話者と日本語学習者の比較―」『世界の日本語教育』17（国際交流基金、2007）、「Web検索を利用した複合動詞のV1＋V2結合に関する記述的研究」『北研学刊』第5号（白帝社、2009）

ひつじ研究叢書〈言語編〉第73巻

現代日本語における蓋然性を表すモダリティ副詞の研究

発行	2009年10月7日 初版1刷
定価	6200円＋税
著者	Ⓒ杉村 泰
発行者	松本 功
本文フォーマット	向井裕一（glyph）
組版者	内山彰議（4&4, 2）
印刷所	互恵印刷株式会社
製本所	田中製本印刷株式会社
発行所	株式会社 ひつじ書房
	〒112-0011 東京都文京区千石2-1-2 大和ビル2階
	Tel.03-5319-4916 Fax.03-5319-4917
	郵便振替 00120-8-142852
	toiawase@hituzi.co.jp　http://www.hituzi.co.jp

ISBN978-4-89476-466-8

造本には充分注意しておりますが、落丁・乱丁などがございましたら、小社かお買上げ書店にておとりかえいたします。ご意見、ご感想など、小社までお寄せ下されば幸いです。